서울 직장인의
부동산투자

서울 직장인의 부동산 투자

평생 투자라면
그래도 부동산은 서울이다!

미니다미 지음

맑은날들

머리말

시작하기 전에
꼭 드리고 싶은 말

무엇보다도 아직 부족한 나에게 책을 쓰게 하신 하나님께 모든 영광을 돌린다. 그리고 나의 사랑하는 어머니, 부인, 아들에게 감사의 말을 드린다.

필자는 한 여성의 배우자이자 두 아이의 외벌이 아빠이다. 그리고 남들은 필자를 금융 공기업에 다니는 한 직장인이라 부른다. 이게 필자의 현재 포지션이다. 그러나 보이는 것 말고 필자에게 삶을 살아가는 무기가 있다. 어떻게 한 사람을 몇 마디로 정의할 수 있을까. 남들이 모르는, 심지어 부모님께서도 모르는 나만의 무기를 만들어왔다. 현재까지 담금질을 해왔고 아마 죽을 때까지 만들 나는 흐름에 대한 판단력과 좋은 물건에 대한 안목을 기를 것이다.

　싱글일 때도 작은 돈을 아끼기 위해 가까운 거리를 걸어 다니고 정말 급해서 택시를 탄 적은 손에 꼽을 정도이다. 좋은 직장을 잡았고 어느 정도 안정된 벌이가 된 후 지금의 아내를 만나 아이를 잘 키우고 살고 있다. 아내 역시 나와 비슷한 경제관념을 가지고 있어 잘 살고 싶은, 행복하면서도 힘든 고민을 했다. 서로 불필요한 소비는 절대 하지 않았다. 다행히 싱글일 때 모았던 서로의 돈이 투자를 위한 시드머니가 되었다.

　투자하기 전 우리는 투자의 목적을 가지기로 했다. 쉽게 말해, 단순히 돈을 많이 모으는 것을 목표로 하지 않고 많은 돈을 왜 모아야 하는지 목표를 설정하기로 했다. 서로의 일치된 의견은 일단 집을 사서 부모로부터 완전히 독립하는 것이었다. 그리고 아이가 태어난 후 아이에게 단순히 돈을 쏟아붓는 사교육 뺑뺑이를 돌리지 않고 아이에게 많은 경험을 시켜주는 데 돈이 필요하다는 결론을 내렸다. 예를 들어, 아이의 재능이 미술인지 알아보기 위해 미술 학원을 보내는 것, 백문이불여일견이라는 말처럼 국내, 해외여행을 같이 다니기로 했다. 이런 목표 달성을 위해 미리 돈을 모으는 것과 더불어 단순히 급여 혹은 대출에 기대어 살지 않기로 했다. 그리고 아이가 대학에 진학하면 아이에게 우리의 경제적 미래를 맡기지 않기로 했다. 즉, 우리 부부 스스로 노후를 책임지기로 했다. 그리고 좀 더 보수적으로 혹시 아이의 경제 독립이 늦을 경우를 대비해 예비로 아이에게 돈을 더 투자할 경우까지 생각했다.

이와 같은 목표의 윤곽이 뚜렷해지자, 투자가 시작되었다. 첫째, 일단 현재 몸담은 직장 생활은 기본으로 열심히 했다. 나의 주 수입이며 가장 큰 소득이었기 때문이다. 다음으로 돈이 되는 방안, 재테크에 몰두했다. 이미 해봤고 지금까지 하는 투자 수단은 다음과 같다 : 예금, 미국 달러 투자, 채권, 펀드, 국내 주식, 해외 주식(미국), 금, 그리고 부동산. 많은 투자를 해봤지만, 대한민국 평균 부자들이 자산 목록 중 가장 큰 부분을 차지한다는 부동산에 필자 역시 마찬가지로 가장 큰 투자를 하고 있다. 그 이유는 부동산이 리스크 대비 수익성이 높기 때문이다. '전쟁이 나면 돈, 증권 증서 등은 모두 휴지 조각이 되어도 땅은 남는다.'라는 말이 있다. 그만큼 부동산 투자는 심리의 안정성을 담보한다. 회사가 망하면 증권 가치도 0이 되어버리는 주식 투자와 큰 차이가 있다. 우리나라 국토 면적이 작고 이미 개발된 도시 지역은 좁다. 아예 좋은 도심 지역을 투자할지 미래 가능성이 있는 낙후지에 투자할지 구분도 비교적 명확하다. 잘 훈련이 되어있을수록 위험 대비 큰 수익을 누릴 수 있는 투자 수단이 한국에서는 부동산이 제일이다.

아무런 돈에 대한 목표 없이 현재 남들이 다 한다고, 일확천금을 노리고 부동산 투자를 하고자 이 책을 읽는다면 이 책은 큰 의미가 없을 것이다. 그러나 필자가 조심스레 고백한 것처럼 뚜렷한 소비계획이 있어 그것을 위한 부동산 투자를 원한다면 이 책이 조금이나마 도움이 될 것이다. 그리고 필자가 제시하는 사례를 보면서 특히 인생을 더 사신 분들에게 그 경험 혹은 미래에 대한 혜안으로 많은 공감을 얻었으면 하는 바람이다.

필자는 최대한 진실하게, 쉽게 쓰려고 했다. 설명이 부족하다면 아직 완벽하게 깨우치지 못해 각고의 노력이 필요한 필자의 전적인 책임이다. 부족한 글을 읽어주시는데 감사할 따름이고 필자의 의견에 대한 건설적 비판 역시 겸허히 수용할 자세가 되어있다.

목차

머리말 - 시작하기 전에 꼭 드리고 싶은 말 · · · · · · · · · · · · · · 5

제1부 서울 부동산 투자

A 대한민국의 중심, 서울 개발의 역사   17
1. 1970년대 영동 개발 붐 · · · · · · · · · · · · · 20
2. 강변 개발과 학군지의 부상 · · · · · · · · · · 22
3. 1기 신도시의 출현 · · · · · · · · · · · · · · · 25
4. 2기 신도시의 출현 · · · · · · · · · · · · · · · 29
5. 서울시 뉴타운 사업 · · · · · · · · · · · · · · 33
6. 강남발 재건축 이슈 · · · · · · · · · · · · · · 36

B 어디에 있는지, 주변 환경에 따라 가격이 결정된다! 입지   38
1. 교통, 역세권 · · · · · · · · · · · · · · · · · · · 40
2. 학군 · 47
3. 환경, 편의 시설 · · · · · · · · · · · · · · · · · 67
4. 풍수지리 · 73

C 돈 버는 투자 형태   79
1. 차익 실현형 · · · · · · · · · · · · · · · · · · · 81
2. 고정 수익형 · · · · · · · · · · · · · · · · · · · 88

D 부동산 부자의 개발, 투자 단계   97
1. 빈 땅 사서 새로 올리기 · · · · · · · · · · · · 99
2. 허가의 문제 · · · · · · · · · · · · · · · · · · · 101
3. 투자의 단계 · · · · · · · · · · · · · · · · · · · 105
4. 빌라는 퇴물? 고급 빌라! · · · · · · · · · · · 108

E 범 서울권 탐구 111
1. 세종특별자치시 ·· 113
2. 판교와 위례 ··· 116
3. 다산 신도시와 광주 오포읍 ······························· 118
4. 일산 지역 ··· 120
5. 몸이 멀어지면 마음도 멀어진다! ··························· 122
6. 결국, 입지가 기본! ······································· 124
7. 부동산 투자의 기본자세 ··································· 126

제2부 투자에 대한 생각

A 가격은 가치가 아니다.
가격은 매도자 혹은 매수자의 호가이다! 131
1. 거품론 내지 과열론에 대한 견해 ·························· 133
2. 부동산에서의 수요와 공급의 법칙 ························ 143
3. 살 것인가? ·· 145
4. 망해도 땅은 남는다? ····································· 148
5. 사서 남기고 모으는 것이다! ······························ 150
6. 수요와 공급, 그리고 유동성 ······························ 153

B 장기적 시선으로 보면
부동산 가격은 오를 수밖에 없다! 156
1. 부동산 경기 사이클 ······································ 159
2. 결국, 가격은 오른다! ···································· 163
3. 좋은 것을 산다 ·· 167

C 부자들이 갖고 있는 마인드와 관심사 168
1. 부자 마인드와 관심사 ···································· 170
2. 인맥 향상 ··· 173
3. 안 쓰는 것이 모으는 것 ·································· 176

D 생각보다 강력한 돈의 힘　　　　　　　　　　　179
1. 갑자기 많아지면 그 효과를 본다 긍정적인 것도 있지만, 단점도 많다　180
2. 채무의 역설 · 183

E 필요한 것이 뚜렷할 때 돈이 모인다　　　187
1. 목표 의식 · 190
2. 세브란스 사례 소개 · · · · · · · · · · · · · · · · · 194
3. 친 학군, 직주 근접 · · · · · · · · · · · · · · · · · · 197
4. 자녀 교육 목표 · 200
5. 노후 대비 · 203

제3부 실전 부동산 투자

A 모두가 알고 있지만 왜! 좋은지 모르는 지역　　209
1. 좋은 지역 과거는 참고만 하자 · · · · · · · · · 210
2. 현재 가치 집중 · · · · · · · · · · · · · · · · · · · 213
3. 미래 가치 탐구 · · · · · · · · · · · · · · · · · · · 218

B 가족 구성에 따른 포지션 선택을 하자!　　222
1. 주말 가족 여부 · · · · · · · · · · · · · · · · · · · 223
2. 1인 가구 · 230

C 살기 좋고 투자하기 좋은 아파트는 따로 있다!　235
1. 입지의 중요성 · 237
2. 기존의 법칙, 유행에 따른 좋은 아파트 · · · 239
3. 역발상 투자 · 245

D 새 아파트와 주변 이미 형성된 아파트 단지와의 관계   249
1. 새 아파트 프리미엄과 가격 · · · · · · · · · · · · · 250
2. 기존 아파트의 가치 · · · · · · · · · · · · · · · · · · 255
3. 대단지 같은 생활권 공유 · · · · · · · · · · · · · · 258
4. 가격은 같이 오른다! 속도의 차이는 있어도 · · · · · · · 262

E 서울지하철 2호선 라인 안쪽과
9호선 라인 안쪽을 주목하라!   265
1. 서울 도심권 라인 : 2호선 · · · · · · · · · · · · · 266
2. 9호선 한강 이남 권역 · · · · · · · · · · · · · · · · 272
3. 더블 역세권 : 2호선 × 9호선 · · · · · · · · · · · 276

F 전세와 자가의 선택, 결정적 총알이 한 발밖에 없다면?
내 집 마련의 꿈   278

G 주말농장과 시외 공장 투자를 주목하라!   286
1. 서울 근교 시골집과 주말농장 · · · · · · · · · · · 287
2. 그린벨트의 대박, 공장입지 · · · · · · · · · · · · · 291

H 부동산 중개소를 통한 거래 시 알아야 할 9가지   296
1. 부동산 중개사 수익 구조 · · · · · · · · · · · · · · 298
2. 여러 군데 매물 다양 · · · · · · · · · · · · · · · · · 302
3. 호구가 되지 말자! · · · · · · · · · · · · · · · · · · · 306
4. 가격 협상법과 윈윈+윈 전략 · · · · · · · · · · · 308
5. 정확한 정보 제공 필요 · · · · · · · · · · · · · · · · 311
6. 잘 모르면 비싼 것을 산다? · · · · · · · · · · · · 314
7. 조급해하지 않고 여유를 갖고 움직인다 · · · 316
8. 자신의 타깃과 기회 · · · · · · · · · · · · · · · · · · 318
9. 다 좋다는 중개사 의견에 대한 대처 · · · · · · 321

맺음말 - 마지막으로 드리고 싶은 말들 · · · · · · · · · · · 323

제1부

서울 부동산 투자

A
대한민국의 중심, 서울 개발의 역사

1. 1970년대 영동 개발 붐
2. 강변 개발과 학군지의 부상
 - 강변 이촌동, 광장동 vs. 강남 압구정동, 반포동
3. 1기 신도시의 출현
 - 과천, 분당, 일산, 용인
4. 2기 신도시의 출현
 - 판교, 위례, 광교, 동탄
5. 서울시 뉴타운 사업(재개발, 재건축)
6. 강남발 재건축 이슈

흔히 세상을 바라보는 눈이 중요하다고 말한다. 투자에도 이 일반 상식이 적용된다. 증권 투자든 부동산 투자든 남의 의견을 맹신하는 것이 아니라, 자신만의 견해를 바탕으로 스스로 판단하고 실행해야 한다. 그럼, 무엇을 보고 자기 확신을 가져야 할까? 즉, 대상의 문제를 생각하지 않을 수 없다. 필자는 결국 흐름을 볼 줄 알아야 한다고 생각한다. 유행을 맹목적으로 따를 것을 주장하는 것은 절대 아니다. 시류를 파악하고 그 큰 흐름에 몸을 의지하면 분명 성공 투자를 이룰 것이다. 투자는 수요와 공급의 법칙이다. 이것이 기본이다. 큰 흐름은 결국 큰 수요를 파악하는 것이고 공급의 적정성이다.

온고지신이라 했다. 과거에 얽매일 필요는 없지만, 과거에서 어느 정도 교훈을 얻는다면 시행착오는 피할 수 있다. 인류 역사가 하나의 패턴이라고 가정해 보자. 그런데 문제는 그 패턴을 쉽게 정립할 수 없다는 것이고, 둘째로 자신만의 정의로 패턴을 파악했다손 치더라도 언제 그것이 발현될지 정확하게 예측할 수 없다. 그런데도 역사의 파악은 중요하다. 완전히 정확한 예측은 불가능하다 할지라도 과거를 공부해야 현재를 이해할 수 있고, 현재의 흐름을 잘 잡아타면 미래에는 그 결과가 분명 나타날 것이다. 그래서 먼저 서울권을 중심으로 발전 양상을 살펴보고자 한다.

1. 1970년대 영동 개발 붐

서울은 비약적인 경제 성장과 함께 대한민국의 수도로 발전했다. 자연히 많은 인구가 농촌 등을 떠나 일자리 등을 찾아 상경했다. 1960년대까지만 해도 서울은 지금의 강북을 의미했다. 서울에 엄청나게 많은 인구가 몰려들어 자연히 주거 공간은 턱없이 부족해졌고 그 질 또한 그리 좋지 않았다. 수요와 공급의 불균형으로 서울은 몸살을 앓았다. 이러한 문제로 권력의 결단을 초래했다. 수도를 더 넓은 곳으로 이전하는가, 아니면 강남을 개발하는가에 대한 고민 중 박정희 대통령은 한강 이남, 즉 남서울 개발이라는 결단을 내렸다.

그렇게 강남은 탄생되었다. 이전에 강남은 영등포의 동쪽이라 하여 흔히 영동이라는 이름으로 불리었다. 강북에서 강남을 잇는 다리들이 하나둘씩 건설되었고 배밭, 뽕밭이었던 강남 일대가 당시의 신식 아파트 대단지로 탈바꿈되었다. 기존 땅들의 땅값은 폭등했다.

투자자들은 고점 이야기를 한다. 이미 오를 만큼 많이 올랐으니 이제 그만 오르겠지, 하면서 말이다. 그런데 강남의 땅값은 길게 보았을 때 계속 올랐다. 어찌 보면 경제적 측면에서 서울의 중심은 더 이상 종로가 아니라 강남 일대가 아닌가 싶다.

2. 강변 개발과 학군지의 부상
– 강변 이촌동, 광장동 vs 강남 압구정동, 반포동

정부는 서울을 전략적으로 개발했다. 부지가 넓은 여의도 개발을 시작으로 강북으로는 이촌동, 강남에는 압구정동과 반포동 일대를 개발했다. 아주 오래전에는 정자 등 별장을 지었지, 집을 갖지는 않았다. 그 이유는 치수(治水) 문제에 있었다. 언제든 홍수의 위험이 있었다. 그러나 현대 건설 정주영 회장의 일화 - 서울로 흐르는 한강 상류 댐 건설 계획을 알고 항상 홍수가 나면 물에 잠기는 곳 취급을 받았던 압구정 일대 땅을 대거 사들였다는 - 에서 알 수 있듯 사람들의 인식은 변화했다. 통제할 수 있는 강물, 그에 가장 가까운 곳으로 훌륭한 조망을 가지는 강변은 가치가 높아졌다. 대규모 아파트 단지가 갖추어진 이촌 지구, 압구정, 반포 지구, 그리고 더 넓게

구의·광장동 일대 강변 등은 그 가치가 충만해졌다.

　근래 속칭 핫한 지역은 한강변과 더불어 대치, 개포 지구와 같은 학군지이다. 역사적으로 한강은 민족의 젖줄 역할을 해왔다. 한수를 차지하는 나라가 역사적으로 발전했다. 고구려가 그랬고, 백제도 그랬다. 문명의 4대 발상지도 큰 강을 끼고 있다. 이와 같은 심리적인 요인과 요즘 자연환경을 중시하는 태도로 한강변이 다시 부각되고 있다. 한강 조망 여부에 따라 실제 아파트값은 차이 난다. 한강변에 실제 사는 사람들의 이야기를 들어보면 한강 북쪽에는 강변 북로, 남쪽으로 올림픽대로 등 도시 고속 도로가 있어 매연과 소음으로 고통을 겪는다고 한다. 그럼에도 불구하고 가치 비례적 측면에서 한강변의 아파트는 가격에서 말해주듯 의미가 크다.

　강북에 살던 시민들을 새롭게 개발되는 강남으로 이주시키고 싶었던 정부는 고심했다. 그 방안 중 하나로 당시 명문 고등학교들을 대거 강남으로 이전시켰다. 맹모삼천지교(孟母三遷之敎) 의식, 교육열이 뜨거운 심리를 이용한 것이다. 그래서 서울 지도를 살펴보면 대부분 대학교는 강북에 있지만,

전통의 역사를 가진 명문 고등학교, 명문 대학 진학률이 높은 고등학교는 강남에 많다.

대치, 개포의 경우 강남권 주거 수요를 맞추는 곳으로 전통적 학군이 좋은 곳이다. 대전(대치동 전세) 산다는 말은 아직도 유행이다. 대치, 개포는 학원가가 이전하지 않는 이상 수요는 풍부하다. 그리고 현재 재건축 바람이 불어 새로 주목받는 주거지가 되었다. 동남쪽에 대치동이 있다면, 남서쪽에는 목동 학군이 있다. 둘의 공통점을 보자면, 아파트 대단지가 밀집되어 있다는 점이다. 굳이 말하자면 비슷한 환경, 예컨대 아파트에 살고, 사설 학원이 많고, 유해 시설이 없는 곳이라는 공통점을 가진다.

3. 1기 신도시의 출현
- 과천, 분당, 일산, 용인

　과천은 제2 정부 종합 청사가 있는 곳이다. 과천은 그 외에 강남 접근성이 뛰어난 신도시이다. 그 옆 평촌, 산본까지 그 위세가 이어지는 곳이다. 정부의 핵심 기능이 있는 것과 더불어 거대 베드타운 역할을 하는 터줏대감으로 현재 입지가 공고하다.

　분당은 현재 낡긴 했지만, 아직도 강남 접근성이 좋은 1기 신도시 중 가장 성공한 곳이다. 성남은 현재 세수가 풍족한 흑자 지방 정부이다. 기업과 주민의 세원이 풍부하여 알짜 도시라는 평가를 받는다. 분당구의 탄탄함과 새로이 근처에 떠오른 2기 신도시 판교가 성남을 떠받치고 있다. 안랩, 네이버

제1부 _ 서울 부동산 투자

등 이름만 들어도 알만한 IT 기업, 알짜 기업들이 판교에 입주해 있다.

일산은 분당과 함께 개발된 1기 신도시 중 하나이다. 3호선 개통과 함께 서울 접근성이 좋았으나, 현재 비슷하게 시작한 분당과 비교하면 그렇게 중흥한 편은 아니다. 굳이 이유를 따지자면 일산은 북한과 가깝다. 입지상 서울과 멀지 않은 거리이다. 자유로도 잘 뚫려있고, 앞서 말한 3호선, 경의중앙선 등 대중교통도 괜찮다. 그러나 더 뻗어나갈 길이 없다는 점이 단점이다. 즉, 경유지가 되어야 하는데, 그 자체로 종착역이 되지 않나 싶다. 일산에서 더 나가봤자 파주이다. 통일이 되지 않는 이상, 지금 사람들의 인식은 쉽게 변하지 않을 것이다. 예전에 일산의 아파트 배치가 혹여 남과 북의 전쟁이 났을 때 폭파하여 북한군의 진입을 늦춘다는 의도가 있다는 풍문도 있다. 이런 무의식적 안보 반영도 일산의 입지를 설명할 수 있다.

이전에 그런 분들이 많았다. 강남의 조그만 평수 아파트를 팔아 용인의 큰 평수 새 아파트로 이사 가시면서 노후를 편하게 지내자는 은퇴 세대들이 많이 있었다. 지금도 용인 사시는 분들의 이야기를 들어보면 젊은 층보다 연세가 있으신 분들의 가구 수가 더 많다고 한다. 그런데 결론적으로 보면 강남의 조그만 아파트를 가지고 있는 것이 재산 증식에는 훨씬 더 좋았을 것이다. 자연 친화적이고 집값의 오름 없이, 그렇다고 대폭락도 없이 여유 있게 살 목적이라면 용인도 나쁘지 않다. 그러나 지금의 세대 인식이 그러하듯, 용인은 새로운 일자리 등이 창출되지 않는 이상 구성 세대 연배는 더 높아질 것이다. 즉, 나이 많은 사람들이 사는 비중이 더 유지되거나 더 많아질 것이 분명하다. 최근 분위기 전환이 있다. 반도체 산업의 중흥으로 일자리가 창출될 예정이다. 성장산업의 우수한 회사 종사자들, 신흥 세대가 자연스레 유입될 것이다. 양질의 일자리가 많이 공급되면 그 지역은 활기찬 분위기로 발전할 수밖에 없는 점은 당연한 진리이다.

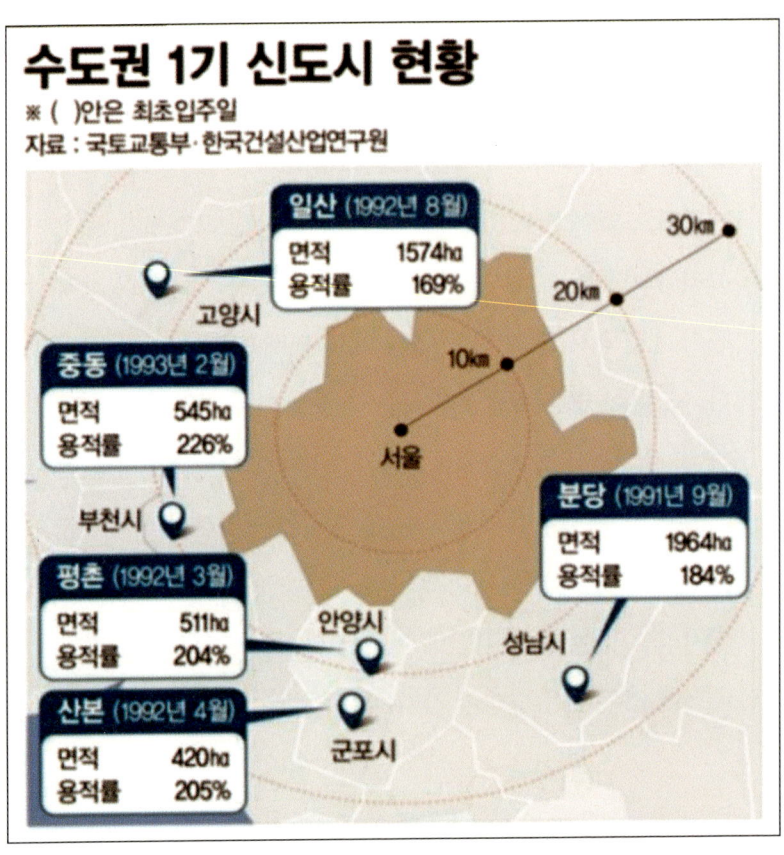

출처 : 국토교통부 & 한국건설산업연구원

4. 2기 신도시의 출현
– 판교, 위례, 광교, 동탄

    2기 신도시 1등은 단연 판교이다. 혁신 도시로서 국내 유수의 IT 기업들에 특혜를 주어 가며 유치에 성공했고, 그 기업의 힘을 따라 많은 종사자와 그 세대 전체가 판교로 많이 이전해 왔다. 심지어 강남 압구정, 신사 키드들 또한 자신의 독립 세대를 판교로부터 시작했다. 명품 신도시가 되기에 빠지는 조건이 없다. 우수한 자연환경, 일자리, 도심 강남 접근성 등 빠지는 것이 없다. 앞으로도 판교의 상승세는 계속될 것이다. 물론 강남 재건축이 하나둘씩 완성되고, 서울의 도심 친화적인 개발이 성공적으로 이루어지면 판교 내 기존 주택의 노후화와 함께 다시금 강남 쪽으로 힘이 실릴 수도 있을 것이다. 그러나 그것은 적어도 10년 혹은 20년 후의 일일 것이다.

위례는 현재 진행형인 유망 신도시이다. 이미 복정역에서 비교적 가까운 대단지들은 자리를 잡았고, 나머지 택지도 계속 아파트가 들어서고 있다. 강남 접근성만 따지자면 판교보다 더 낫다. 그러나 위례가 판교에 비해 산업 경쟁력을 가진 것은 아니다. 주로 송파 권역에 살던 주민들이 위례로 옮겨왔고, 물가 또한 따라서 왔다. 즉, 생활 유지 비용이 송파구 못지않게 비싼 편이다. 냉정히 이야기하면 송파는 잠실 지역과 비잠실 지역이다. 위례는 잠실과 비교 대상이 될 수는 없다. 비잠실 지역에 비하자면 현재 개발 중인 문정 개발 지구와 비교할 수 있을 것이다. 문정동 법조 타운 지구에 비하면 어디가 더 나을 것인가? 법조 타운이라고 하지만, 혐오 시설이라 평가받는 보호 관찰소 등이 같이 이전하기에 실제 주거지로서는 위례에 평가를 더 후하게 주고 싶다.

광교는 강남 신분당선의 마지막 역이다. 새로운 지하철 효과로 큰 이익을 본 새로운 신도시이다. 그러나 그 자체로 대상권이 형성될 입지는 아니다. 판교는 주말이면 강남 등지로 쇼핑을 떠나는 이들을 판교 현대백화점이 붙잡았다. 한편, 광교는 판교에 비해 거리가 더 멀다. 그러나 수원 삼성전자 등을 기점으로 우수한 근로자들이 더 유입될 가능성이 크다. 반도체 산업이 국가 전략 사업으로 계속 발전한다면 광교 또한 크게 발전할 가능성이 크다.

동탄 1기, 2기 신도시 모두 결론적으로 서울과 거리가 먼 곳이다. 계획도시답게 높은 녹지 비율을 유지하고, 아파트 단지 배치를 잘한 것은 매우 좋다. 그러나 특히 서울에 직장을 가지고 있는 사람이라면 속칭 직주 근접, 도심 접근성 등을 생각했을 때 그저 서울과 먼 안락한 베드타운 정도로 보아야 한다. 만약 그곳에 산다면 그곳에서 그 수요를 생각하며 사는 지역 의존적 사업을 하는, 그에 적합한 분들에게 알맞다.

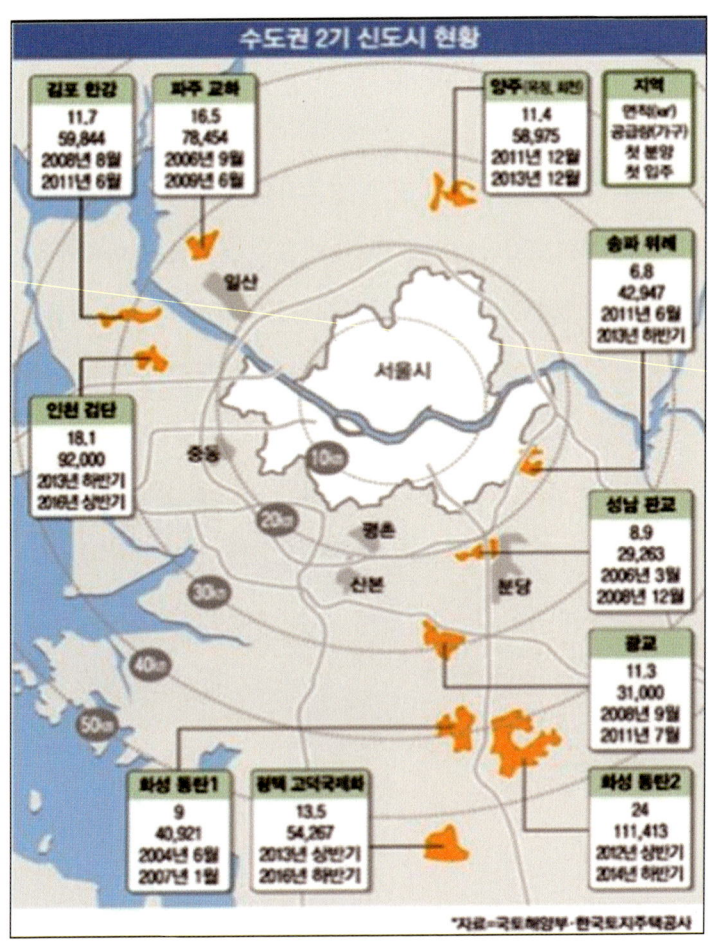

출처 : 국토해양부 & 한국토지주택공사

5. 서울시 뉴타운 사업
(재개발, 재건축)

2000년대 이후 낙후된 서울을 발전시키기 위해 등장한 개념이 재개발이다. 재개발은 낙후된 주택 등을 모두 철거하고 새로이 아파트 단지로 만드는 것을 말한다. 이와 달리 재건축은 기존의 30년 이상 된 아파트, 연립 주택 단지 등을 철거하고 다시 새로이 아파트 단지로 짓는 것을 말한다.

이전부터 본격적으로 논의된 서울시 뉴타운 사업은 여러 지구로 나뉘어 균형 발전 촉진 지구 지정 등 용어는 다르지만, 크게 보면 낙후 지역 중 지정된 곳의 재개발 쪽으로 지금도 사업이 진행 중이다. 사업이 완료된 곳 중 길음 뉴타운, 왕십리 뉴타운, 돈의문 뉴타운 등은 매우 성공한 뉴타운으로 꼽

힌다. 그러나 지정 해제된 곳도 있다. 창신 뉴타운 같은 경우 주민 반대로 뉴타운 지정이 해제된 곳도 있다. 단순히 투자 측면에서 보면, 집값이 크게 오른 길음 뉴타운, 돈의문 뉴타운은 기존 낙후 지역에서 수요가 탄탄한 세련된 아파트 단지로 탈바꿈되었다. 매우 성공한 사례이다. 왕십리 뉴타운의 경우 분양 초기에는 미분양이었지만, 부동산 경기 회복과 함께 전부 분양이 완료되었고 지금은 오히려 분양가 대비 큰 폭으로 가격이 상승하였다.

현재도 재개발은 진행 중이다. 한남 뉴타운은 아직 진행 중이다. 어찌 보면 예전부터 뉴타운 대장주는 한남 뉴타운이었다. 너무 많은 투기 수요가 몰렸던 것이 문제가 되어 현재까지도 개발은 난항을 겪고 있다. 그러나 시와 주민 협의체가 현재 서로 잘 의논하여 진행을 이뤄가는 중이며, 이태원역 주변 상권 주변을 제외하고 3, 4구역은 발전 가능성이 있다. 적어도 아파트 수천 세대 이상의 대단지가 형성되면 기존에 성공한 뉴타운을 뛰어넘는 명백히 최고 성공 뉴타운 사례가 될 것이다. 또한 필자의 기대로 한남 뉴타운과 연계하여 용산 주변의 개발이 시너지를 발휘할 것이다. 미군 기지 이전과 함께

남은 부지가 공원화가 되고, 그 일부 유휴 부지에 주거지가 들어선다면 풍수지리로도 좋은 조화로운 명품 주거지가 될 것이다.

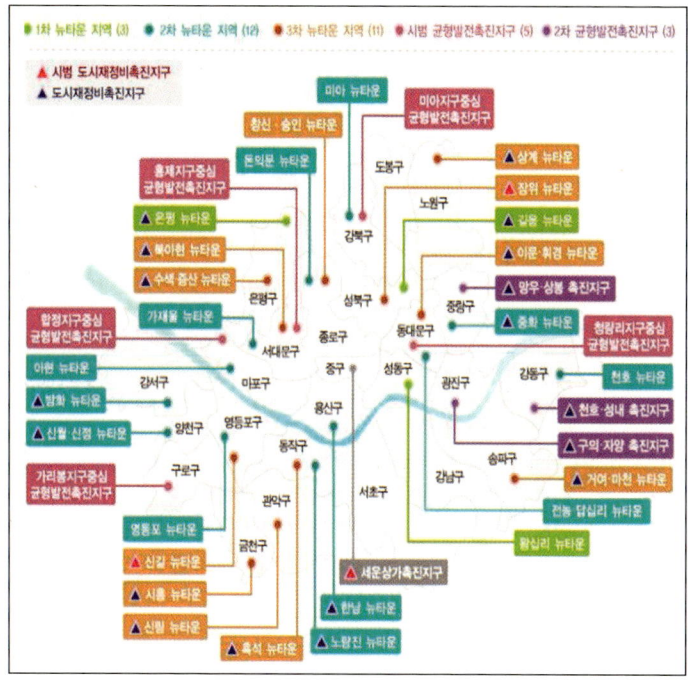

출처 : 서울시

6. 강남발 재건축 이슈

2010년대 이래 대한민국 건설의 화두는 강남발 재건축이었다. 서울에 남아있는 기존 저층 주공 아파트의 재건축, 기존 노후화된 기타 강남 아파트들의 재건축 등이 현재도 많은 이들의 관심사이다. 그 이유는 결국 돈이 보이기 때문이다. 특히 기존 저층 주공 아파트의 경우 호수마다 소유하고 있는 대지 지분 면적이 커 재건축을 하게 되면 층을 높이 올릴수록 개발 이익이 크고 그것은 결국 기존 조합원의 이익이 되기 때문이다. 기존의 1+1 주택, 1주택 플러스 현금 개발 이익 수혜 등 많은 혜택이 있었다. 초과 이익 환수제 때문에, 발등에 불이 떨어진 많은 조합이 사업을 서두르기도 했다. 그래도 아직 재건축을 준비하거나 준비 중에 있는 아파트들에 투자하는 것이 리스크가 적다고 생각한다. 부동산은 장기적으로 우상향하되, 경기는 상승과 하락의 사이클을 반복한다. 부동산 값이 언제 또 폭락할지 모른다고 하는 사람들도 있다. 그러나 리스크 대비 예상 이익을 보았을 때 강남 재건축 아파트만큼 훌륭한 대안은 없다. 기존 접근성도 좋고 최악의 경우 10년 정도 기다린다고 생각하면 굳이 손해 볼 장사는 아니다. 아파트는 결국 주거지이고 기본적으로 주거지는 사람이 사는 곳이다. 투자가 목적이라 한들 부동산에는 생각하기에 따라 10년이 긴 세월은 아니다. 당장 성과를 보고 하루하루 변화에 민감한 사람들은 다르겠지만 말이다. 그런 이들은 증권 투자에 더 관심을 가질지도 모르겠다. 부동산은 고스톱과 다르다. 자신의 의지대로 쉽게 이루어지지 않는다. 그것이 엄청난 손해를 감수하는 급매가 아닌 이상 말이다.

B
어디에 있는지, 주변 환경에 따라 가격이 결정된다!
입지

1. 교통, 역세권
2. 학군
3. 환경, 편의 시설(마트, 병원 등)
4. 풍수지리

부동산에서 가장 중요한 것은 보유한 포지션 즉, 입지이다. 입지는 매우 중요하다. 그것은 직업에 있어 어떤 포지션을 취하느냐에 적용되는 것과 동일하다. 조그만 회사의 전문 사장이 될 것인지, 대기업의 책임자가 될 것인지 등 부동산에서도 그 활용은 비슷하다. 자신의 능력에 따라 어느 입지를 선택할 수 있는지, 자신의 의지로 입지를 선택하는지 이것이 가장 중요하다. 여기서는 부동산의 입지를 결정하는 여러 요인에 대해 알아보고자 한다.

1. 교통, 역세권

쉽게 말해 자신이 살거나 일하는 곳이 교통의 요지이면 엄청난 축복을 받은 것이다. 그것이 특히 다른 요지로 이동하기 편한 노선이 많은 버스 정류장 근처이거나 지하철역 근처라면 더할 나위 없이 좋다. 흔히 역세권이라 한다. 여기서 말하는 역세권은 지하철역 부근 생활권을 의미한다. 서울의 경우 지하철이 1호선 내지 9호선, 신분당선 등 지하철이 매우 잘 개통되어 있다. 도심의 요지 중의 요지에는 당연히 복수 지하철 노선이 지나간다. 두 개의 노선이 지나갈 경우 더블 역세권, 세 개가 지나갈 경우 트리플 역세권이라고 부른다. 또는 자신이 사는 곳 도보 10분 내지 15분 이내 두 가지 다른 역이 인접해 있어도 더블 역세권이라고 부른다. 왜 지하철이 집 근처에 있으면 좋은 것인가는 굳이 말할 이유가 없다. 자동차나 버스로 이동하려면 흔히 러시아워(rush hour) 시간에는 교통 체증으로 이동하기 불편하다.

그러나 지하철은 사람들이 붐벼 앉아가지 못할지언정, 도착 예상 시간에 있어 그리 큰 오차가 발생하지 않는다. 더군다나 교통 비용 측면에서도 경제적이다. 흔히 자가용을 소유하고 있어도 특히 직장인의 경우 지하철 출퇴근을 더 선호한다. 흔히 먼 거리는 자가용으로 편하게 가고, 가까운 거리는 지하철 등을 이용하는 게 낫다고 한다. 그러나 현실은 그 반대이다. 먼 거리를 지하철로 출퇴근하고 가까운 거리는 자가용을 쓰는 게 낫다. 그 이유는 교통 비용이 절약되고 시간까지 맞출 수 있기 때문이다. 이처럼 지하철의 편리성을 이유로 역세권이 좋은 것이다.

집이 요지의 지하철역과 가깝다는 것은 절대적인 거리보다 심리적인 거리가 더 큰 비중을 차지한다. 오히려 사람들이 북적거리는 곳에서 사는 것을 싫어하는 사람도 많다. 이는 주상복합의 경우에도 적용할 수 있을 듯하다. 건물 지하에 대기업

대형 마트 점포가 입점해 있다고 가정해 보자. 그러면 지하 주차장의 경우 지상층 주민들과 주차 부분도 겹치는 부분도 있을 것이고, 항상 외지인들이 많이 들락거리는 것을 싫어할 수 있다. 내가 이용하기에 심리적으로 가까운 거리에 있으면 되고, 어느 정도 해당 편의 시설을 이용하러 오는 타인들과도 크게 부딪히지 않고 살아가면 아주 좋을 것이다.

다시 역세권으로 돌아오면, 내가 사는 아파트에서 지하철역이 도보로 이동하기 가까운 곳에 있다고 느끼면(심리적인 거리) 그것이 역세권이다. 도보 거리는 사람마다 만족도 면에서 차이가 있겠지만 도보 10분 내외이면 운동하기에도 좋고 사람들로 북적거리지도 않는 좋은 곳이다. 어떤 이는 도보 5분 이내를 초역세권이라고 하고, 도보 10분 이내 거리를 역세권으로 분류하기도 한다. 그러나 굳이 그 기준을 나눠야 하는 게 의문이다. 실제로 자신의 걸음걸이 속도로 가보는 것도 중요하고, 다시 한번 강조하지만, 본인이 느끼는 심리적 거리가 무엇보다 중요하기 때문이다.

지금 당장 생각나는 주요 지하철역이 있을 것이다. 특히 자신의 주거지, 출신학교, 일터 주변 등 자신이 주요 다니는 곳의 역들이 생각날 것이다. 그리고 특히 자신이 많이 놀러 가본 곳 예를 들어, 강남역, 종각역, 혜화역(대학로), 이태원역 등이 생각날 것이다. 자신의 생활이 되는 곳과 사람들이 몰리는 곳을 살펴보자. 자신이 도심권에 살고 있으면 양자가 겹칠 수도 있다.

사람들이 붐비는 곳에 대한 호불호는 다를 수 있다. 생각건대, 주거지는 완전 사람이 많이 모이는 곳에서 한두 정거장 그래도 떨어진 곳의 역세권에 사는 게 낫고, 사업을 하시는 분으로 사업장을 찾는다면 더블 역세권 이상의, 환승 라인이 많은 역의 주변으로 가야 한다. 간단히 말해, 사는 곳은 조금 떨어진 곳에, 일하는 곳은 사람들이 붐비는 곳에 가야 한다. 예를 들어, 왕십리역 근처에서 자영업을 하시는 분이라면, 사업장은 왕십리역 근처에 있어도, 주거지는 상왕십리역 정도에서 찾을 수 있다. 공덕역 근처에서 일하시는 분이라면 애오개역이나 아현역 정도에서 주거지를 찾을 수 있다. 사람들이 많이 붐비는 환승역이 아니라, 단일 역 정도의 역세권에 살아도 불편함은 없다. 사업을 할 때는 사람들이 많이 오는 곳이 좋다. 사람들이 많이 오가는 것 자체가 주변을 활기차게 만들고 수요를 만들기 때문이다.

바로 직전 더블 역세권 등 주변 단일 역을 예시로 제시한 이유가 있다. 직주 근접을 이야기하고 싶었기 때문이다. 뒤에서 이야기하겠지만, 학교도 그렇고 일단 가까운 곳에 있어야 한다. 학교든 일터든 가까이 있어야 피로도가 덜하고 그래야 활기차게 살 수 있다. 여기서는 직주 근접에 대해 말하고자 한다. 직장 근처에 있을수록 일하는 사람 입장에서는 좋다. 매일 출퇴근을 두 시간 이상 소요한다는 것은 그것 자체만으로 수고로운 것이다.

요즘 직주 근접이 좋다는 사실을 모르는 사람은 없다. 자신의 상황에 맞게 운용하자면 일종의 마지노선은 있어야 한다. 그 마지노선은 단일 출근 혹은 퇴근 시간 한 시간 이내이다. 이는 필자의 주관적 견해이다. 과학적이거나 객관적인 근거가 있는 기준은 절대 아니다. 그러나 필자도 일을 하며 주위 동료에게 물어본 결과 한 시간을 기준으로 그 안쪽이면 적정 시간, 이를 초과하면 집과 일터까지 이동 시간이 먼 것으로 느낀다. 일종의 심리적인 공감대라고 볼 수 있다. 여기서 이동 시간은 총 이동 시간이다. 도보, 아파트 단지에서 역까지 나오는 마을버스 이용 시간을 포함하는 시간이다. 그러면 결국 지하철 이용 시간은 30분에서 40분 사이여야 한다. 지하철로 이동하는데 환승도 하고 호선에 따라 배차 시간도 고려하는 등 이것저것 소비 시간을 고려해 보자. 그러면 심리적으로 지하철 이동 거리가 몇 정거장 정도 이동해야 30 내지 40분 사이라고 할 수 있을까? 개인마다 차이가 있을 수 있지만, 맘 편하게 10정거장 정도 보면 되지 않을까 싶다.

2023년 기준 서울 지하철 노선도 참고

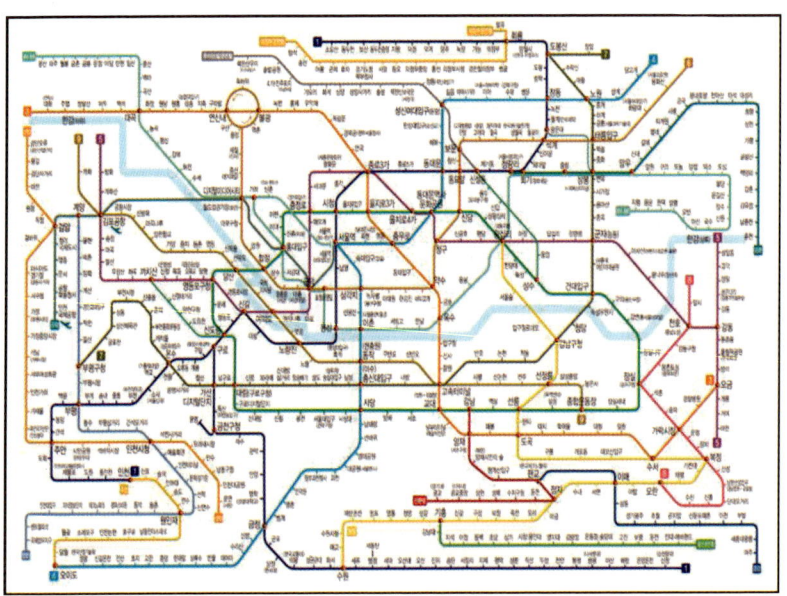

(1) 트리플(3개 노선) 환승역

종로3가 · 동대문역사문화공원 · 고속터미널 · 홍대입구 · 신설동역 등

(2) 쿼드러플(4개 노선) 환승역

공덕 · 서울역, 왕십리역 등

(3) 더블 환승역

그 외 더블 환승역은 수가 많아 기재 생략하였으나, 노선도를 보며 더블 환승역을 표시해 보는 것을 권함

2. 학군

말이 나면 제주도로 보내고, 사람이 태어나면 서울로 보내라는 옛말이 있다. 그만큼 대한민국에서 수도 서울의 심리적 상징은 크다. 수도적 기능은 국내적이나 국제적으로도 매우 중요하다. 어린 나이에 친구들과 나라 이름 대기, 수도 이름 대기 놀이를 한 적이 있었다. 스웨덴의 수도 스톡홀름 등 이름을 대면서 놀이했다. 그리고 특히 부루마불 게임을 할 때 국가와 수도를 얼마나 많이 보았나? 이런 것은 알게 모르게 무의식적으로 사람들의 뇌리에 박힌다. 외국인들에게 서울, 부산을 물어보면 알 수 있어도, 다른 지방 도시를 말하면 알기 어렵다. 들어봐서 알고 있고 익숙하다는 것은 결국 투자로 이어질 가능성이 높다는 것을 의미한다. 그렇다면 국내적인 측면에서 바라보면 두말할 필요 없지 않은가? 사람들은 모두 알고 있다. 수도 서울은 일종의 프리미엄을 받는 곳이다. 우리나라의 경우 서울은 정치적 수도이며 경제적 수도이기도 하다. 미국의 경우 정치적 수도는 워싱턴, 경제적 수도는 뉴욕이다. 캐나다의 경우 정치적 수도는 오타와, 경제적 수도는 밴쿠버 정도이다. 이렇게 우리나라의 경우 수도 서울의 프리미엄은 복합적으로 상당하다.

현재 우리나라의 서울특별시와 행정 중심 도시 세종특별자치시를 비교해 보자. 우여곡절 끝에 행정 수도는 되지 못했지만, 세종시는 그에 충분히 비견할 만한 정부 도시가 되었다. 세종시는 아직도 현재 진행형이다. 많은 아파트와 공공 기관 청사 등이 개발 계획에 따라 건설되고 있다. 어떤 이는 아직 도시가 건설 중이기 때문에 앞으로도 가격 측면 상승 여력이 있다고도 한다. 가격 상승 가능성에 대한 이야기는 차치하고 여기서는 다른 이야기를 해보자. 세종시에 유명한 고등학교가 있는가? 적나라하게 서울대 혹은 해외 명문대를 많이 배출해 내는 고등학교에 지금 세종시에 있을까? 필자는 정부 행정 수도 이전 공약부터 현재까지 세종시에 대해 듣고 관심을 가졌으나, 세종시의 명문 학교에 대해 들어본 적은 없다. 반대로 서울 시내에는 우수한 학교가 많다. 현재 유행하는 자사고부터 외고 등 특목고까지 서울에 많다. 마치 국내 좋은 대학교가 서울에 모여 있는 것처럼 좋은 고등학교도 서울에 다 몰려 있다. 말이 나온 김에 대학교 이야기를 더하면 똑같은 이름의 대학교인데도 서울 캠퍼스 타지방 캠퍼스라 해서 구분을 짓기도 한다. 실제로 입학에 필요한 수능 점수에도 차이가 큰 것으로 들었다.

이런 수도 서울에 사람들이 모이는 것은 당연하다. 그리고 우리나라 사람들의 학구열이 세계적으로 상당히 높다는 인식이 있는 만큼 많은 부모가 자녀 교육에 민감하다. 그 민감성의 수준이 집착으로 보일 때도 있다. 부모의 여력이 되면 응당 자녀에게 좋은 교육 서비스를 제공하고 싶다. 결국, 경제력이 미래 세대를 위한 교육에 영향을 미친다. 부자들만 자식을 비싸고 양질의 교육을 시킬까? 꼭 그렇지만은 않다. 강남에 산다고 모두가 부자는 아니다. 부자라고 반드시 자식에게 고액 과외 등 돈을 쏟아붓지는 않는다. 다만, 이 점만은 확실하다. 부자 부모가 자식의 교육을 중요시하는 사람이 상대적으로 많고 그에 따라 돈을 쓰는 등 큰 노력을 기울인다. 주거의 경우 학군이 좋은 곳 아파트를 구매하지는 못해도 일시적으로 전세나 반전세를 몇 년간 살기도 한다.

학군에 집착하는 이유는 무엇일까? 개인적으로 두 가지라고 생각한다. 첫째, 아직 우리나라는 출신 대학이 중요하다고 느끼는 부모가 많다. 쉽게 말해, SKY 대학을 많이 보내는 고등학교에 보내려 한다. SKY 대학을 나오는 것을 일종의 사회생활을 준비하는 첫 단추를 잘 끼우는 것으로 인식한다. 사립초등학교에 보내기까지 여력은 되지 않더라도 최소 가장 중요한 고등학교 과정만큼은 어느 부모나 신경을 쓴다. 둘째, 좋은 친구를 많이 사귀어 주려는 목적이 있다. 좋은 학교에 '좋은 부모를 가진, 좋은 친구들'이 모일 것이라는 믿음이 있다. 작은 용의 머리가 되기보다 용의 꼬리로 살라는 비판을 받을 수도 있다. 그러나 잘 될 가능성이 있는 친구들을 만들어주고 싶은 부모의 마음마저 어찌할 수는 없다. 살다 보면 어느 지역 출신인지, 어느 학교 출신, 무엇을 공부했는지 묻는 경우가 있다. 그것으로 사회적 차별이나 편파, 부정이 있으면 안 되지만, 아직 동교 출신이라는 것은 큰 영향을 미치고 있다. 그런 부모들이 많이 이야기하는 곳, 사람들이 흔히 이야기하는 서울 내 좋은 학군으로 알려진 곳이 몇 군데 있다.

일명 강남 8학군이 유명하다. 대치동 학원가를 찾아 사람들은 일시적으로 전세를 산다. 대치동 학원가 영향력 내 개포동의 경우 낡은 주공 아파트 단지를 중심으로 재건축이 진행되었다. 마찬가지로 대치동, 도곡동 인근의 낡은 아파트들이 재건축을 준비하고 있다. 개인적으로 지인의 상황을 예로 들면, 자녀 교육 때문에 대치동으로 약 4년 정도 생활을 했었다. 처음에 그분이 자신은 자녀 때문에 대전에 산다고 했었다. 여기서 말하는 대전은 충청도 대전을 의미하는 것이 아니었다. '대전'은 대치동 전세를 산다는 의미였다. 대치동 아파트 단지는 대부분 매우 낡았다. 그런데도 학군 프리미엄이 주는 입지적 가치 때문에 매매가가 상당한 편이다. 그래서 매매할 여력은 되지 않고 자녀들 교육 문제가 해결되면 굳이 대치동에서 정착해 살 이유는 없었다. 치열한 분위기 속에 더군다나 낡은 아파트에 비싼 가격을 지불하며 매매하여 무리한 형편을 초래할 필요는 없었다. 그래도 살아야 하니 전세를 택한 것이다. 그래서 나름 전세 혹은 전월세 수요가 풍부하여 주택 임대 시장도 균형을 잡고 있다. 모든 가격은 결국 수요와 공급에 의해 결정된다. 대치동은 강남에 위치해 있다. 강남 상권의 요지는 아니다. 그러나 그 상권, 업무 집중 구역에 가까운 베드타운 역할을 한다. 조용한 베드타운에 우수한 학군이 자연스레 형성된 것이다. 아무래도 직주 근접이라 하여 강남에 직장 혹은 사업을 하는 사람들이 모여 살았을 것이고 충분한 경제적 여력으로 자녀 교육을 시작한 것이다. 그래서 강남의 명문 8학군을 완성해 온 것이다. 현재 강남 엄마들은 정부 교육 과정에 대한 해석을 마치고 그다음 강남 학군 트렌드를 따라 다른 지역의 엄마들이 그것을 모방하여 사교육 시장을 형성한다는 것이 정설이다. 강남 8학군, 즉 대치동은 이런 학군의 선두 주자인 것이다. 그러니 오죽하겠는가. 교육 프리미엄의 가치를 지닌 대치동의 부동산 가격은 응당 높을 수밖에 없다.

다음은 중계동 학원가, 은행 사거리 부근의 대규모 아파트 단지이다. 일명 을지 학군으로 불리는 곳이다. 이곳은 동북권역 명문 학군 구역으로 통한다. 인접 지역보다 교육 환경이 잘 갖추어져 있다. 필자가 공부할 당시 메가 스터디라는 학원

서비스가 매우 유명했었다. 이곳이 이 을지 학군 권역 내에서 태동하였다고 한다. 을지 학군은 상위 대학교를 많이 보내는 명문 고등학교들이 많다. 그리고 학원가의 경우 근처 의정부에서도 학원 전용 셔틀버스를 타고 우수한 학생들이 교육을 받으러 오기도 한다. 아파트 단지는 비교적 오래되었으나, 평일 일상 시간에 나가보면 이동하는 차가 그리 많지도 않고 산, 공원들이 많아 조용하면서도 환경이 매우 우수하다. 풍수적으로 산은 위세를 뜻한다고 한다. 그래서인지 많은 학생이 그 기운을 받아 공부를 잘하는지도 모르겠다. 현재 상계동 내지 하계동까지 기존에 대규모로 지어진 아파트들 부근으로 재개발, 재건축 움직임이 있다. 특히 4호선의 진접읍 연장과 더불어 상계, 당고개 뉴타운이 진행 중이다. 또한, 기존 아파트 단지들도 결국 하나, 둘 재건축에 착수할 가능성이 높다. 필자가 사적으로 을지 학군 내 사는 분들의 말씀을 들어본 결과, 생활하기 좋고 아파트 가격도 안정적이라 사는 것에 매우 만족한다고 한다. 말 그대로 매매가 아니라 실제로 살고 있는 것에 만족한다는 뜻이다. 그리고 가격이 안정적이라는 것은 경제가 전체적으로 출렁거릴지라도 과대 낙폭의 위험에 신경 쓰지 않고 부동산 경기가 좋을 때 그에 편승하여 서서히 오르는 것을 실제로 목격한 것을 뜻한다. 투자와 삶의 질의 목표를 함께 누리며 학군을 생각하면 을지 학군도 거주하기에 매우 우수한 곳이다.

목동 학원가도 학군 얘기를 할 때 빠질 수 없는 곳이다. 이 지역 역시 거대 아파트 단지 숲이라고 보면 된다. 시끄러운 중심 상권이 아니라, 말 그대로 조용한 베드타운 역할을 하고 있다. 이쪽도 전통적으로 학군이 좋고 특히 사교육 시장이 잘 형성되어 있다. 그리고 목동 학군 출신의 이야기를 들어보면 자부심 또한 상당하다. 서울 지역 동쪽으로는 대원외고가 있다면 서쪽에는 명덕외고가 있다고 당당하게 이야기하는 분도 있다. 그만큼 학군에 있어 자부심이 있다는 것이다. 아파트의 노후화와 상관없이 그런 교육 인프라라는 심리로 말미암아 부동산 가격 역시 상당하다. 이곳에 사는 분들은 자녀를 목동에서 교육하고 자신은 여의도, 영등포 지역으로 출퇴근하는 분들이 많다. 여의도는 우리나라 금융의 한 축을 담당하고 있고, 영등포는 오래된 서울의 중심 상권 중 하나이다. 강남을 영동이라 부른 것을 보면 그만큼 영등포가 더 큰 의미의 상권이었다. 물론 현재는 강남이 더 발전했다. 그러나 기존의 구(舊)상권을 무시할 수는 없을 것이다. 여의도의 경우 기존 오래된 아파트들의 재건축 이슈가 한창이다. 여의도는 입지적 가치 때문에 부동산 가격이 현재 상대적으로 높은 편이다. 이쪽에서 조금만 벗어나 우수한 교육 인프라를 노리면서 심리적 거리가 가까운 목동 지역에 사는 것도 참 좋은 삶의 선택 중 하나가 될 듯싶다.

서울대를 많이 보낸 고등학교는 구체적으로 어디일까? 필자가 수험생일 당시 과학고나 외고 등 특목고가 대세였다. 실제로 특목고 출신이 서울대 등 소위 SKY 대학을 많이 보냈다. 근래 자사고 열풍이 불었다. 그러나 또 한 번 지난 정부에서 특목고, 자사고를 퇴출하는 등 학교 개편에 관해 이야기했다. 개인적으로 학구열이 높은 부모들이 많은 이상, 정책적으로 쉽지 않을 것이다. 말하자면 기득권을 누르기 힘들 것이고 현상 유지를 할 가능성이 높다. 새로운 것을 만드는 것도 힘들지만, 기존에 있는 것을 없애는 것이 더 힘들기 마련이다. 예상은 예상일 뿐이고, 현재에 충실해 보자. 다시 돌아와서, 서울대를 많이 배출한 고등학교는 어디인지 살펴보자.

먼저 하나금융그룹 재단의 하나 고등학교를 살펴볼 수 있다. 은평 뉴타운의 구석진 곳에 있어 학생들이 조용히 공부하기에 좋은 위치에 있다. 하나은행 등 직원들 자녀 특별 전형이 있다고 하는데 직원 입장에서 보면 아주 훌륭한 복지 정책이라는 생각이 들 정도이다. 들리는 이야기로 하나 고등학교는 기숙사를 운영한다고 한다. 그래도 부모 입장에서는 감시의 목적이 아니라, 지원의 목적에서 학교 근처에 있는 것이 낫다. 은평 뉴타운도 1세대 뉴타운으로서 살기 좋은 곳이라고 생각한다. 주말에 자녀가 나와 집에서 휴식을 취하고 그 이동조차 부담이 없는 시간과 거리라고 가정하면 학생 입장에서 얼마나 좋은 환경인가 하고 확신한다.

다음으로 기존 전통의 명문 민족사관 고등학교(이하 민사고)가 생각난다. 이곳은 서울 지역이 아닌, 강원도 횡성에 있는 기숙 고등학교이다. 예전에는 대학교수급 인재들을 고등학교 선생님으로 영입하여 그에 걸맞은 대우를 해준다는 소문이 있었다. 소문이 사실인지 모르겠으나, 결과적으로 좋은 대학에 많이 진학시켜 온 학교로서의 명성은 진실이다. 민사고와 같은 지역 명문 고등학교들이 많다. 상산고 등 많은 학교가 있다. 그런 학교 근처에는 아무래도 자식 뒷바라지하는 부모들의 거주 수요가 많을 수밖에 없다. 물론 민사고는 제외되겠지만 말이다. 학교 자체가 기숙 학교이고 학생들이 도심과 멀리 떨어진 자연에서 철저한 관리 아닌 관리를 받으며 성장하기 때문이다.

그다음으로 국악 고등학교가 있다. 이곳은 국악 예술 전문 학교로 주로 실기를 위주로 한 수시 전형으로 서울대 입학을 많이 시키는 고등학교이다. 이는 특별한 케이스라 제외해도 좋은 것 같다.

그 외 나머지 학교는 놀랄만하지도 않겠지만, 예상하는 대로 서초, 강남구 8학군에 있는 고등학교들이 많다. 반포 지역의 세화고, 세화여고, 대치동 권역의 휘문고, 중동고, 경기고 등이 SKY를 많이 보낸다. 현재 기준으로 내신이 중요해졌다고 하지만, 그것과 관계없이 워낙 그 지역 부모님들의 학구열이 강한 이상, 서울대는 아니더라도 좋은 대학들을 무수히 많이 보내고 있다.

고등학교를 선택하는데 좋은 대학 진학이 주목적이라고 쉽게 인정할 수 있다면, '확률'에 걸어야 한다고 본다. 좋은 대학에 많은 학생을 진학시킨 고등학교 통계 3년 내지 5년 치를 보고 그 고등학교에 진학할 수 있는 지역을 미리 선점해야 한다. 우리나라 학제가 초등학교부터 고등학교까지 6-3-3이다. 앞의 6년까지를 나누고 중학교, 고등학교 각 3년을 나누어 생각하는 것은 이런 선점의 필요성을 생각하기 때문이다. 적어도 고등학교를 보면 중학교를 미리 보고 준비해야 한다. 아이의 혼란을 줄이기 위해서라도 초등학교 6년과 중고등학교 총 6년 과정을 나누어 미래 계획을 세우는 것이 좋다.

요람에서 무덤까지? 어린이집부터 취업까지 세대, 세상이 변하고 좋게 발달해도 부모의 마음은 같다. 오히려 부모의 자식에 대한 마인드는 더 발전했는지도 모른다. '요람에서 무덤까지'라는 말이 있다. 이를 조금 응용하면 현재 자식의 '어린이집부터 취업까지 세상'이 아닌가 싶다. 요즘 아이가 태어나자마자 부모가 하는 일이 있다. 소위 어린이집 줄서기이다. 필자는 자녀 교육에 있어 여유로운 마음을 가지는 편이고 사실 첫 아이 때 정보가 없어 어린이집 등록에 신경을 쓰지 않았다. 그런데 어린이집 등록하고 실제 다니기까지 1년여 대기 시간이 걸렸다. 아이는 하루가 다르게 성장하는데 1년을 기다린 것이다. 그사이 얻은 것도 있지만 부부에게 아쉬움도 있었다. 본 장에서 아이의 학군에 대해 살펴보았는데 학군을 고등학교 위주로 보았지만 사실 요즘 부모들은 어린이집부터 시작하고 시대가 시대인 만큼 자녀 취업까지 걱정하는 시대에 살고 있다. 취업 기회를 알선하고 취업 교육을 전문적으로 시키는 학원들이 많아졌다. 필자 때는 기껏해야 상식은 일간 신문이나 전문 서적을 통해 깨우치고 토익학원 정도 다녔다. 그런데 요즘에는 취업 컨설팅 학원들이 버젓이 영업하고 있다. 취준생들의 불안감을 대상으로 장사를 한다는 비판도 받아 마땅하겠지만, 그것도 틈새시장이라면 사업의 틈새시장이어서 현 세태의 반영 내지 결과물이라고 봐야 할 것도 같다.

한편 명문 사립 초등학교에 집착하는 사람들이 있다. 필자는 서울에서 공립 초등학교를 졸업했다. 그런데 지인 중 사립 초등학교에 다니는 친구를 부러워한 적이 있다. 학교 안에 스케이트장이 있다고 하고, 악기 하나씩을 의무적으로 배운다는 이야기를 어린 마음에 부러워했다. 그리고 마치 계급장과 같은 교복을 볼 때면 그것이 마치 부자의 상징처럼 여겼던, 지금 생각하면 부끄러운 기억도 있다. 그런데 사립 초등학교를 졸업한 이들은 자녀까지 사립 초등학교에 보내려 한다. 그리고 여력이 되면, 자녀가 원하면 그 선택을 존중하는 차원에서 보내주고 싶은 사람들도 더러 있다. 사립 초등학교는 셔틀버스도 있는데 거주 환경과 무슨 관련이 있을까 하는 의문을 가질 수 있다. 그런데 그렇지만도 않다. 학교에 다닐 때 내 반의 친구가 대략 어디 사는지는 다 알지 않았던가? 으리으리한 단독 주택은 아니더라도 그저 학교 근처에 산다고 하면 비교로 인한 상대적 박탈감은 없지 않을까? 필자의 지인은 자녀를 길음동에 있는 영훈 초등학교에 입학시켰다. 그리고 그 주변 길음 뉴타운 아파트로 이사를 했다. 학교 주변에 살면서 자녀에게 자녀의 가정 환경과 비슷한 혹은 그 이상의 친구들을 사귀어주고 싶은 모양이었다. 그리고 자녀가 초등학교를 졸업할 즈음 이사를 다시 고민하겠다고 했다. 자녀 학교 진학 전략에 따라 길음 뉴타운 내 더 큰 평수 아파트로 가든지 아니면 강남으로 전세를 가겠다고 했다. 길음동은 학교가 잘되어 있어서 고등학교도 그 지역 고등학교를 선택하면 초등학교 포함 12년을 이사 없이 살아도 된다. 그러나 강남 지역으로 넘어가고자 하면 미리 중학교 배정 전 이사를 고려해야 한다. 그 점을 생각한 것이다.

만약 초등학교부터 고등학교까지 원스톱으로 이사 없이 안정적으로 자녀를 교육하고 싶은 분이 계신다면 이곳을 보면 된다. 일단 지도를 펴 광장동 쪽을 보자. 광남 초·중·고가 몰려 있는 아파트 단지를 볼 수 있다. 세 학교가 몰려 있는 주변 아파트 단지를 골라 선택하면 된다. 이런 곳은 강을 건너 잠실 쪽에도 많다. 잠실 지역 엘스 아파트 단지 내 초·중·고, 리센츠 아파트 단지 내 초·중·고가 몰려 있는 것이 보일 것이다. 실제로 세 학교를 품고 있는 이 아파트 등의 가격은 그 가치대로 상당하다. 압구정 쪽도 마찬가지이다. 구 현대 단지와 신 현대 단지 모두 초등학교 내지 고등학교까지 품고 있다. 12년 정규 교육 과정의 세 학교를 모두 품고 있다는 것은 실로 엄청난 가치이다. 하나만 더 예를 들어보자. 입지가 좋은 반포동 한강변 아파트 단지 등을 보자. 이곳도 초등학교부터 고등학교까지 모두 몰려 있다. 교통, 한강변 조망, 한강 공원 등 입지 조건과 더불어 학군까지 가진 것이다.

이러한 영향으로 반포동은 매우 좋은 조건으로 가격이 높다.

근래 지어져 새 아파트 단지로 꼽히는 왕십리 센트라스를 보면 중학교가 없다. 그래서 들리는 이야기로 주민 편의를 위해 중학교를 신설해 달라는 민원이 많이 제기되었다고 한다. 단지 내 혹은 근처에 중학교가 민원대로 생긴다면 센트라스 단지는 지금보다 훨씬 더 가치 있는 아파트 단지가 될 것이다. 주민들이 이 점을 알고 했는지는 모르겠으나, 어쨌든 거주 세대수가 많고 자녀들로 인한 수요가 있다면 결과적으로 중학교는 필요하다.

다음 기사처럼 경제에 따라 영향은 받지만, 학군은 부동산 가격 등에 주요한 요소이다.

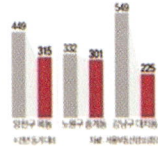

학군 관련 기사, 출처 : 한국경제신문

부록(TIP) :
대치동 전문 과외 선생의 조언

대학 후배 중 고시 준비나 취업 준비를 하지 않은 친구가 있었다. 고등학교 과외를 했는데 난생처음 비교적 큰돈 맛을 본 것이 화근이었다. 많은 이들이 졸업 준비를 하고 취업 등 미래 대비를 권하였다. 그러나 그 친구는 결과적으로 잘 풀렸다. 다른 친구가 너는 공부보다 돈 버는 일이 더 잘 맞는 줄도 모르겠다고 그쪽으로 나가보라고 한 말이 계기가 되었다. 지금 그 후배는 전문 과외 선생 및 학원 출강을 하고 있다. 나아가 그것을 바탕으로 다른 사업도 하고 있다. 과외 선생의 측면에서 학군에 대해 깊이 이야기한 적이 있다. 그 이야기를 소개하고자 한다.

그 친구는 강남 대치동, 노원구 중계동, 수원 쪽으로 출강하고 있다. 그 친구는 결혼 전에 벌써 자기 집을 마련했다. 대치동 쪽 조그만 평수의 아파트였다. 그 친구는 과외 및 학원업계에 뛰어들어 지금까지 변하지 않은 생각이 있다고 했다. 현재 우리나라 교육의 중심지는 아무리 죽었다고 한들 대치동이라는 것이다. 그래서 거주지도 그쪽에 마련한 것이라 했다. 자신이 주로 활동하는 쪽 근처를 직주 근접 차원에서 선택했다. 필자는 물었다. 고등학교 교육의 목적이 명문대 진학만은 아니지만, 그래도 일명 SKY 많이 보내는 곳은 반포동, 목동, 중계동도 있는데 왜 대치동이 최고라고 하느냐고 물었다. 그 친구는 업계 현실을 한마디로 정리해 주었다.

"형, 결국 반포동 지역 친구들도 대치동 학원으로 와서 배웁니다."

그리고 이어서 중계동 학원가에는 그쪽 을지 학군 친구들뿐만 아니라, 멀리 의정부 지역 학생들도 셔틀버스 등을 타고 배우러 온다고 했다. 목동도 마찬가지라고 했다. 서남부 지역, 예컨대 목동 옆 신월동, 멀리는 광명시에서도 목동 학원으로 와서 배운다.

학생들은 목동으로 많이 모이는 일종의 학원 지역 중심가라고 했다. 그리고 그중에서 가장 큰 시장은 현재 대치동이라고 했다. 정부 규제 영향도 있을 것이고, 경기 영향도 있었을 것이다. 대치동은 표면적으로 최고 활황기보다 그 규모가 줄어든 것처럼 보인다. 그러나 실제 업계에 있는 친구 이야기를 들으니 아직도 대단한 위세를 가지고 성업 중이라는 것을 깨닫게 되었다. 그럼, 부모는 키우는 입장에서 여력이 되면 자녀에게 당연히 최고의 환경을 안겨주고 싶지 않을까? 시대가 변해서 아무리 인터넷 강의(속칭 인강)이 최고라고 하지만 부모들은 잘 알고 있다. 인강은 언제 어디서나 들으니 오히려 자녀가 공부를 미룬다는 것이다. 공식적인 순위가 있다면 응당 1등인 지역 근처로 이사를 할 것이다. 학원이 모여 있다고 그 지역이 최고인 것은 아니다. 학원뿐만 아니라 각자의 욕심을 가지고 노력하는 수많은 학생이 모이는 환경이 더욱 영향을 끼친다. 공부는 분위기라고 한다. 자신이 혼자 잘하는 것이 가장 중요하지만, 다른 훌륭한 경쟁자들이 있을 때 자신도 같이 발전할 수 있다. 이 점을 우리는 알게 모르게 몸으로 체득하여 그렇게 학군을 따져 이사하는지도 모르겠다.

3. 환경, 편의 시설
(마트, 병원 등)

주거지를 선택할 때 주변 환경을 신경 쓰지 않을 수 없다. 학창 시절 NIMBY, PIMFY 현상에 대해 한 번쯤 들어보았을 것이다. 님비는 Not In My Back Yard, 즉 내 뒷마당에 혐오 시설은 안 된다는 것을 의미한다. 자기 집 주변에 쓰레기장이나 폐기물 적치장이 있다면 누가 좋아하겠는가? 이와 반대로 핌피는 Please In My Front Yard, 즉 내 앞마당에 편의 시설이 있었으면 하고 반색하는 것을 의미한다. 자기 집 근처에 종합 쇼핑센터, 우수한 종합 병원이 있다면 얼마나 좋겠는가? 요즘은 그야말로 친환경 시대이다. 사람들은 쾌적한 환경을 누리며 웰빙 라이프를 즐기며 살고 싶다. 그래서 요즘 계획 신도시로 이주하는 사람들도 많다.

자신은 희생하더라도 가족과 함께 녹지율이 높은, 새로 구성된 아파트 단지 혹은 자신이 지은 단독 주택, 근린 생활 시설 등에 가서 편히 사시는 분들도 있다. 녹지를 좋아하시는 분들은 집 앞에 대형 공원이 있는 것을 반기며, 산의 장엄한 경치를 좋아하시는 분들은 그 주변을 택한다. 그리고 서울의 경우 역시 한강뷰가 보장된 곳을 선택하기도 한다. 입지적 프리미엄이 보장된 한강변 아파트를 그래서 많은 이들이 선택한다.

한강변이 아니더라도 한강이 잘 보이는 곳의 고층 아파트를 선택하는 분들도 있다. 오히려 한강에 너무 가까우면 강변북로나 올림픽 대로를 24시간 다니는 차들의 매연과 소음으로 고통받는다며 조금 더 배후 지역을 선택하는 사람들도 있다. 어떤 이유든지 간에 한강뷰를 누린다는 것은 큰 입지적 프리미엄을 가지는 것이다.

주변에 북적거리는 시장이 있는 것보다는 쾌적하고 다른 엔터테인먼트를 누릴 수 있는 복합 쇼핑센터, 프리미엄 아웃렛이나 대형 백화점이 집 근처에 있어 손쉽게 누릴 수 있는 프리미엄의 가치는 상당하다. 또한, 그 주변에 살며 일종의 커뮤니티를 이룬다는 자부심은 상당할 것이다. 인간은 돈을 벌기만 하는 것은 아니다. 소비를 같이한다. 경제 활동은 쉽게 말해 돈을 벌고 쓰고 저축하여 대비하고, 투자하여 불리는 모든 것을 의미한다. 그중 소비 생활을 원활히 하고 그에 대한 편의를 누린다는 것은 삶에 있어 중요한 가치가 될 수 있다. 그래서 그런 소비 생활을 원활히 할 수 있는 입지에 정착한다는 것은 그 자체로 가치가 있다.

그래서인지 가격은 가치가 아니지만(가격이 언제나 가치와 정비례하는 관계는 아니지만), 편의 시설이 인접한 곳의 부동산 가격은 높다. 편의 시설 중 대형 병원의 예를 들어보도록 하자. 예전에 가족이 아팠을 때 국내 최고의 병원이 어디인지 궁금했었다. 직관적으로 먼저 서울대학교병원이 떠올랐다. 우리나라 최고의 대학이 명실공히 서울대이고, 큰 수술은 대학병원에 가서 한다는 인식 때문에 그랬는지 모른다. 물론 병원마다 전문 분야가 또 따로 있다는 점을 들었기 때문에 세부 사항에 있어 다를 수 있다는 점을 생각했다. 서울대학교병원 다음으로 생각난 곳은 삼성의료원이었다. 삼성은 우리나라 최고의 기업이다. 그래서 병원 역시 종합 병원 재단 중 최고가 아닐까, 라는 직관이 있었다. 병원에 대해 생각하던 중 한 가지 더 알아보기로 했다. 대학 병원과 그 외 종합 병원 재단 중 가장 큰 수입을 올리는 병원이 어디일까, 라는 점이 궁금했다. 2016년 기준 조사했을 때 나는 매우 놀라지 않을 수 없었다. 수입 기준으로 1위 병원은 반포동에 있는 가톨릭대학교병원이었다. 그리고 2위가 잠실에 있는 현대아산병원이었다. 그리고 5위권 내에 서울시 광진구에 있는 건국대학교병원이 있었다. 병원의 위치를 찾아보면 그 지역의 중심 지역이다. 그리고 그 근처 부동산 가격은 높은 편이다. 병원이 있어서 그 지역의 부동산값이 비싼 것인지, 아니면 해당 지역에 사는 분들의 경제적 능력이 뛰어나 찾는 이가 많아 그 병원이 그렇게 돈을 많이 버는 것인지에 관해, 순서의 논란이 있을 수 있다. 단순히 부동산 측면에서 보았을 때는 해당 병원들이 위치한 곳은 적어도 그 지역의 요지에 있다. 그리고 당연히 그 주변 아파트 단지들은 가격은 높은 편이다. 원인 분석을 하는 것도 중요하지만, 놓인 결과를 분석하고 그에 대응하는 것도 중요하다. 결국, 가격은 가격일 뿐이고, 가격은 사람들의 수요와 공급에 대한 심리이다.

부록(TIP) :
대형 병원 1, 2위의 조건 탐구

병원도 그 입지가 참 중요하다. 앞서 말한 대형 병원 1위와 2위의 공통점이 무엇인지 부동산 공부를 많이 하신 이들은 쉽게 파악할 수도 있다. 그것이 아니라도 지도를 한참 보고 있으면 그 사실을 알 수 있다. 단순히 규모 면에서 넓은 부지를 차지하고 있어서 그 병원이 잘되는 것은 아니다.

정답은 바로 근처에 대형 고속버스 터미널이 있다는 점이다. 강남 가톨릭대학교병원의 경우 근처에 고속터미널이 있고, 현대아산병원 강 건너에는 바로 동서울터미널이 있다. 서울에서 가장 큰 고속버스 터미널 1, 2위가 바로 두 고속버스 터미널이다. 서울에 사는 환자들도 수용하지만, 중요한 진단 혹은 큰 수술이 필요한 타 시도의 환자들도 결국 서울로 올라오기 마련이다.

교통이 편리하고 그래서 유동 인구수가 많아지면 자연히 그곳의 상권 역시 발전하기 마련이다. 고속터미널 주변에는 백화점부터 지하 아케이드 등이 발전해 있다. 동서울터미널도 주변에 유동 인구 수요에 맞게 상권이 잘 발달해 있다.

입지는 중소형 병원에도 적용할 수 있다. 만약 개원이 필요한 사람이라면, 지하철 역세권을 찾는 사람들을 생각해 볼 수 있다. 사람들이 많이 몰리는 곳, 잘 아는 곳(역 이름)을 떠올려 보면 당연한 이치이다. 기억하기도 쉽고 찾기도 쉬운 곳, 그 점에 바로 정답이 있다.

4. 풍수지리

요즘은 예전보다 교육 수준이 높아졌다. 풍수지리의 경우 천기누설이라 하여 일부 지식인 계층, 권력자들에게만 공유되는 고급 정보였다. 그러나 현대에는 보통 사람들도 풍수지리에 관해 흔히 알고 있으며 그 기본인 배산임수 정도는 모두 알고 있다. 즉, 집터 뒤에는 위세가 좋은 산이, 앞에는 흐름이 좋은 강이 위치해야 복을 받는 명당이라 인식한다. 여기서는 풍수지리에 관한 일반 상식적인 측면만 다루고 그에 따라 좋은 평가를 받는 예시 등을 살펴보고자 한다.

서울 지역에서 풍수지리가 가장 좋은 곳은 어디일까? 이 물음에 단연 먼저 선점한 사람들을 찾아보지 않을 수 없다.

풍수지리가 힘 있는 자들에게만 비밀리에 알려져 있던 정보라면 그것을 알고 미리 자리 잡은 사람들이 있지 않겠는가? 흔히 유력 정치인이나 재벌들, 재벌까지는 아니더라도 상당한 부를 축적한 사람들이 현재 살고 있고 보유한 곳이 좋은 곳이라고 가정해 보자. 사람들은 끼리끼리 모여 산다. 과학적으로도 이것은 증명되었다. 리처드 도킨스의 저서, '이기적 유전자' 등 패턴에 관한 연구를 참고하면 인간의 거주도 일종의 패턴을 지닌다고 했다. 이는 통계적인 측면의 결과라고 치부할 수도 있겠으나, 보는 관점에 따라 유의미한 결과라 해석할 수도 있다. 잘난 사람끼리 모여 사는 것을 알고 이를 인정하고 존중하는 자세를 가진다면, 나도 잘돼서 그곳에 들어가서 사는 것이 나쁜 것일까? 단순히 부자가 모여 사는 동네라 하여 그 사실만으로 그것을 혐오하는 것은 상당히 잘못된 사고방식이라 생각한다. 자격지심에 빠지느니 현상을 이해하고 그에 따라 성실히 대응하며 사는 것이 현명하다.

서울의 경우 풍수적으로 우수한 곳은 단연 왕궁터가 아닐까? 경복궁 등 왕궁터는 대대손손 복을 받는 터였다고 가정하면, 우리가 그 유적지에 살 수 없는 한, 그와 비슷하거나 잘 알려지지 않은 곳을 찾아봐야 한다. 앞서 말한 유력 정치인, 재벌 등이 사는 곳은 어디일까? 일단 먼저 떠오르는 곳은 강북의 성북동, 한남동(이태원동)이다. 성북동은 풍수지리적으로 훌륭한 지세를 지녔다고 한다. 한남동의 경우 현대가 등 많은 재벌이 자택을 소유하고 있다. 뒤로는 남산, 앞으로는 큰 한강이 있다. 그야말로 배산임수의 전형적인 형세이다.

현재 주목받고 있는 곳은 용산이다. 용산은 전문가들 사이에서 흔히 왕의 터라고 한다. 뒤로 남산, 앞으로 한강이다. 지형 또한 안쪽으로 동그랗게 머금은 형태에 남향을 갖추었다. 아모레 퍼시픽, 하이브 등 대기업이 새로 사옥을 지어 용산으로 이전했다. 또한, 대통령 집무실도 과거 청와대에서 용산으로 이전했다. 용산의 개발 움직임은 현재 진행 중이다. 용산은 서울 지역, 크게 경기 권역까지 봤을 때 정말 가운데에 있는 요지 중의 요지이다.

전통의 신흥 부자들이 모여 사는 곳을 다시 살펴보면 쉽게 떠오르는 곳은 전통의 부촌 압구정동과 청담동 등이다. 예전 70~80년대 서울시 남서울 개발과 더불어 강남 지역 대형 아파트 단지가 생긴 곳이 압구정동이다.

　신축 아파트를 제외하고 강남 지역 아파트 대단지 중 가장 값비싼 곳이 바로 압구정동 현대아파트 단지이다. 서울의 중심에서 남쪽에 위치하여 강남 프리미엄을 누리고 서울의 중간에 있어 어느 지역으로 이동하든 용이하다.

　심지어 입지적 프리미엄 덕택에 강북 중심 상업 지역인 광화문 지역으로도 이동이 용이하다. 또한 여의도 지역으로도 비교적 쉽게 이동할 수 있다. 현재 일명 압구정 키즈는 신흥 부촌인 판교 부근과 바로 강 건너 옥수동 쪽으로 많이 이사하였다고 한다. 그러나 압구정 재건축이 실현되면 다시 압구정으로 회귀할 가능성이 있다. 짧게 잡아 10년 정도를 생각하면 판교 지역은 다시 노후화 초기에 진입할 것이고 새로 지어진, 입지적으로 더 훌륭한 압구정으로 다시 회귀할 가능성이 있어 다시 발전이 순환할 것이다. 압구정 로데오 상권을 보면 넓었던 이면도로가 일방통행로 등으로 바뀌면서 오히려 상권이 죽어버렸다는 분석이 있다. 역시 차가 이동하기에 편해야 하는데 그 부분에서 더 나빠졌다는 분석이다. 청담동의 경우 대형 아파트 단지는 눈에 쉽게 띄지 않는다. 이 지역은 반포 서래마을처럼 고급 빌라 주택들이 즐비해 있다. 주거 지역으로 오면 약간 보호받고 조용한, 개인의 사생활이 보호받는 분위기를 느낄 수 있다. 청담동 명품거리로 나가면 이름만 들어도 알만한 고급 브랜드들이 줄지어 있다. 지금은 지하철 청담역이 개통되었다. 그러나 오히려 청담동의 분위기를 파악해 보면 오히려 이쪽에 오래 사신 분들은 지하철 개통을 그다지 반기지 않는다고 한다. 대부분 자가용이 있고 사생활을 보호받으며 조용히 생활하고 싶은데, 지하철 등이 개통되어 젊은 외지인들이 상대적으로 많이 들어와 생활에 방해가 된다고 한다. 주변이 시끄러워져서 청담동 자체가 가지고 있는 특색을 잃었다고 느끼는 것이다. 이런 입지적 특색을 잃은 것은 오히려 손해라고 볼 수 있다. 그러나 장기적으로 보았을 때 세상 순환매적 측면에서 지하철 등이 개통되고 사람들의 발걸음이 많아지는 것은 좋은 상황이 될 수 있다. 땅의 가치는 사람들의 발걸음에 비례한다는 정설을 생각하고, 편의 시설을 보러 사람들이 올 뿐, 으리으리한 주거지에까지 굳이 오지 않는 점을 생각하면 거시적으로 지하철 개통 등은 더 좋은 측면이 될 수 있다.

서울 외 지역으로 요즘 뜨는 곳을 추가로 살펴보면 개인적으로 주목하는 곳은 판교와 송도이다. 특히 아파트 단지와 상업 지역이 밀집한 동판교보다 오히려 서판교를 주목한다. 재벌 3세들이 실제로 토지를 먼저 선점하여 단독 주택을 지어 사는 곳이 서판교이다. 송도의 경우 정부 정책에 따라 바이오 산업 등 국제도시로 발돋움할 잠재력이 크다.

서울 지역과 거리가 멀다는 것이 흠이기는 하지만 자체 경제 메커니즘이 돌아갈 정도의 자생력이 갖추어지면 송도는 인천의 강남을 넘어 자체 명품 독립 도시가 될 가능성이 높다.

C
돈 버는
투자 형태

1. 차익 실현형
2. 고정 수익형

모든 재테크 투자의 목적과 같이 결국 부동산 투자의 목적은 돈을 버는 것이다. 그런데 다른 실물 자산과 다르게 부동산은 자신이 사용, 수익을 누릴 수 있다. 금을 가지고 있다고 그것을 밥 한술 뜨고 굴비 한 번 쳐다보는 격 마냥 시각적 만족을 이루지 않는 이상, 보유하다 파는 시점에 이를 때까지 그것을 사용하지는 않는다. 보유하고 사용, 수익을 취한다는 점은 매우 중요하다. 실제로 해당 부동산에 거주하며 주변 인프라를 누릴 수 있는 점, 아니면 전세나 월세를 활용하여 자금 활용의 기회를 얻는 점 등은 매우 유용하다. 자신이 충분히 이 두 가지 점을 누리다가 적당한 시기에, 즉 일정 부분 시가가 올랐을 때 그것을 매각하면 이는 부외 수입이 된다.

시세 차익형	• 목적 : 개발(value-up 등) 후 매각차익 • 내용 : 싼 값에 사서 일정 부가가치 부여 후 더 비싼 값에 매각 • 종류 : 신축, 전면 리모델링, 부분 리모델링(interior, exterior) ※항상 팔 것을 염두에 두다!
월세 수익형	• 목적 : 개발 후 월세 등 정기적 수익의 극대화 • 내용 : 임차인을 적극 유치 및 관리하여 정기적 수익을 만든다. • 종류 : 월세, 연세(ex 제주도), 전세(관리비 등 기타 유지비) ※부동산의 가격은 오른다!(가치는 별개의 문제)

부동산 투자 관점의 투자 형태

1. 차익 실현형

부동산 투자의 목적 중 하나는 결국 일정한 가격에 구매하여 더 비싸게 파는 차익 실현형이 있다. 이는 다른 재테크 수단 중 하나인 증권 투자의 많은 형태와 같다. 오를 것 같은 주식을 매입하여 주식 가격이 올랐을 때 팔아 차익을 실현하는 것처럼 말이다. 다만, 주식은 가격 변동이 매일매일 이루어지고 공시되는 호가 정보가 제공된다. 그래서 부동산보다 변동성이 매우 크다. 이 같은 점을 미루어 볼 때, 부동산은 성격상 진득하고 묵직한 사람이 더 어울린다. 현상과 물건을 보는 관점은 중요하다. 그리고 그 목적물을 언제 살지, 팔지를 정하는 과단성도 중요한 재테크 능력이다. 상대적으로 싼값에 구매하여 비싼 값에 파는 것이 결국 차익을 끌어내고 이것이 투자의 기본이며 능력이다.

 차익 실현의 방법은 크게 두 가지가 있다. 이것은 모든 재테크 원칙에도 적용될 수 있다. 첫째, 저평가된 매물을 잡아 가격이 정위치에 왔을 때, 즉 생각하던 가치를 적용받아 비싼 값에 팔 때가 차익 실현의 방법이 될 수 있다. 그리고 둘째, 좋은 물건, 이미 다수에게 인정을 받아 이미 값비싼 물건을 매입하여 더 비싼 가격에 매도하여 이익을 향유하는 것이다. 강남 지역의 부동산, 특히 중심 상권의 상가는 웬만해서 가격이 잘 떨어지지 않는다. 오히려 전반적인 경제 충격으로 부동산 가격이 하락했을 때 자금 능력이 된다면 강남 요지의 빌딩을 매입하는 것이 가장 안전한 투자가 될 수 있다. 경제 전반적으로 영향을 받아도 낙폭이 다른 부동산에 비해 적기 때문이다.

 시간이 지나 경제가 충격에서 회복되면 가격은 다시 따라서 회복되기 마련인데, 원체 낙폭이 상대적으로 적고 시간적 회복이나, 상승 비율은 다른 부동산에 비해 더 크다. 경제가 전반적으로 안 좋을 때 좋은 매물들이 더 많이 나온다. 기존에 무리해서 부동산을 매입한 사람이나, 행여 더 떨어질까, 공포심에 먼저 대응한다고 속칭 던지는 물건들이 많이 나온다. 그래서 경기가 상승기에 매입하여 최고점이라 생각하는 시기에 매도하는 것도 차익을 보는 데 좋은 방법이 될 수도 있겠으나, 오히려 모두가 위기라고 불안해하고 그 공포감이 극에 달했을 때 시장에 나온 좋은 물건들을 매입하여 회복기에 매도하는 것이 더 좋은 투자 방법이 될 수 있다. 현재 경제 이론으로 경제 발전은 일종의 사이클 반복이라고 한다. 사회가 지속적으로 성장한다고 가정하면 그 성장률이 저성장이 되었든 간에 가격은 장기적으로 봤을 때 오를 수밖에 없다. 단기간에 돈을 벌어야겠다는 과욕만 부리지 않는다면 반드시 손해 보는 장사는 피할 수 있다. 그리고 물론 부동산 투자에 입문하면 일반 물가 상승률이나, 지금과 같은 저금리보다 훨씬 더 우수한 투자 성과를 거둘 수 있으리라 확신한다. 특히 금리의 경우를 살펴보면 예전에 10%대를 넘었던 금리 상황에서 부동산 가격 상승률은 그보다 훨씬 더 높았다. 이는 금융 메커니즘을 이해하면 현상을 바로 이해할 수 있다. 금융은 돈을 차입하여 다른 가공 수단을 거쳐 더 나은 가치를 창출해 내는 것이 기본이다. 즉, 금리가 10%라고 가정하면 10% 금리를 부담하더라도 다른 투자처에서 그 이상의 부가가치를 창출하여 그 이자 비용 및 원금 상환을 감당하고 더 발전된 차익을 얻는 것이 기본이다.

  물건을 사는 것도 중요하지만, 투자에서는 파는 것이 더 중요하다. 전에 바로 이야기한 것처럼 결국 매수한 값에 비해 비싼 값에 팔아야 이익이다. 더 싼 값에 팔면 손해인 것은 두말할 필요도 없다. 사고팔 때 특히 주의할 점이 있다. 그것은 바로 세금이다. 부동산 매수 시에는 취·등록세가 붙는다. 부동산 중개소를 통해 부동산을 매매하는 것이 일반적인데 중개 수수료 외에 나라에 내는 취·등록세 또한 기본적으로 고려해야 한다. 부동산 중개를 통해 매수한다면 당연히 해당 중개소에서 취·등록세 관련 대략적인 금액을 미리 계산하여 매수 예정자에게 알려주기도 한다. 그러니 5억짜리 집을 산다고 가정하면, 단순히 5억만 드는 것이 아니다. 세금 외에 집에 들어가 산다고 하면 이사비 또한 생각해야 한다. 이사 견적을 받으면 짐의 양에 따라 최근에는 기본 백오십만 원에서 이백만 원 이상은 생각해야 한다. 그리고 더 중요한 것은 부동산을 팔 때이다. 시세 흐름을 팔기 전부터 파악하여 본인의 판단하에 팔아야 하겠다고 마음을 먹으면 매도가와 함께 양도

세를 고려해야 한다.

  좋은 물건, 비싼 물건은 많은 이들이 이미 알고 있다. 흔히들 강남 부동산 이외 요즘 뜨는 강북의 뜨는 동네인 이태원, 연남동, 성수동 등 다수가 알고 있다. 그 흐름을 따라 늦었다고 생각할 때가 제일 빠를 때라고 들어가는 것도 방법이다. 그러나 그것이 과욕이고 자금력이 뒷받침되지 않는다고 판단되면 저평가된 물건을 찾아야 한다. 저평가의 기준이 무엇인가? 그것은 앞으로의 발전 가능성이다. 지금은 낙후되었지만 향후 개발이 될 만한 곳을 찾는 것이다. 이미 뜨고 있고, 발전된 지역도 시간이 지나면 결국 낙후된 곳으로 평가받기 마련이다. 인생사가 결국 순환이라고 생각하면 오히려 미래에 발전 가능성이 큰 곳을 미리 선점하는 것이 부동산 투자의 좋은 방법이 될 수 있다. 개인적으로 주목하는 곳은 광진구 자양동이다. 판교와 위례, 송도, 개포동(차기 강남 베드타운의 흐름), 성수동, 옥수동(이하 성동구)은 이미 좋은 곳으로 주목하고 있다. 그러나 전자는 아직은 많은 이들의 관심을 상대적으로 덜 받고 있다. 발전 가능성을 생각하면 광진구, 그중에서도 자양동이 아닐까 싶다.

부록(TIP) :
성격에 따른 투자 대상 고르기

앞서 부동산 투자는 묵직하고 진득한 사람이 더 어울린다고 했다. 그러나 아래와 같이 반대해석도 존재한다.

역발상적 관점에서 오히려 성격이 급하고 결정에 후회가 없는 사람이 부동산 투자에 더 어울릴 수도 있다. 그 이유는 부동산은 거래가 쉽지 않기 때문이다. 부동산을 사고파는 일은 절대 쉽지 않다. 오히려 부동산 투자는 운이 많이 작용한다고 믿는 사람들도 있다. 특히 부동산을 살 때 빨리 결단을 내려 먼저 사는 사람이 투자에 성공한 사례는 많이 있다. 그 때 사야 했는데 하고 후회하는 사람들은 오히려 그러한 과단성을 부러워한다.

주식 투자의 경우에도 역발상을 생각해 볼 수 있다. 성격이 느긋하고 인내력이 좋은 사람이 주식 투자에 더 어울린다고 보는 시각이 있다. 남들보다 빨리 좋은 기업을 알아보고 타이밍을 잘 보아 매매를 많이 해서 이익을 얻는 투자자도 있다. 그러나 급한 성격에 하는 뇌동매매보다 결정이 느려도 한 번 하면 우직하게 들고 가는 사람이 주식으로 돈을 벌었다는 사례도 많이 찾아볼 수 있다.

투자에 정답은 없다. 그러나 知彼知己 百戰不殆(지피지기 백전불태)라는 말처럼 자신의 성격을 잘 알고 투자에 적용해 보면 어떠한 해석으로 생각하든 위태로움은 없을 것이다.

2. 고정 수익형

　안정적인 투자 형태로 연금 같은 수익형(부동산의 경우 월세 수익)이 있다. 요즘 많은 이들이 세상이 불안정하다 보니 매달 고정적인 수익을 올리고 싶어 한다. 연금 보험이라는 형태의 저축 상품에 가입하기도 하고, 어떤 이는 매달은 아니지만, 반기 혹은 매년 배당을 받는, 심지어 외국 주식의 경우 분기별 배당을 받는 배당주에 투자하기도 한다. 그러나 아무래도 월세를 받을 수 있는 부동산에 투자하는 것보다 더 좋은 것은 없다. 월세 혹은 반전세 형태의 수익을 가져오고 부동산 가치가 떨어지지 않는다면 후에 매각하여 차익 실현을 노릴 수도 있다. 유행하는 갭투자의 전제는 고정적인 월세 수익이 필연적이다. 일부 자기자본을 투자하면 남은 투자금은 타인자본 즉, 은행 채무로 채워진다. 은행 채무는 알다시피 이자 및 원금 상환 비용을 감당해야 한다. 이는 기업 경영과도 비슷한 메커니즘을 가진다. 타인자본을 끌어들여 최소 이자 비용을 감당하며 그 채무(타인자본)를 이용하여 더 큰 부가가치를 창출해야 하는 것이 기본이다. 갭투자도 마찬가지다.

기업회계에서는 ROE라고 하여 자기자본 수익률이 얼마인지를 중요한 지표로 본다. 갭투자 역시 자기자본 수익률을 중요시한다. 예를 들어 자기자본 오천만 원에 은행 빚 오천만 원을 합쳐 일억 원짜리 부동산에 투자했다고 가정하자. 그리고 은행 이자가 5%라고 가정하면 1년 이자는 총 250만 원이다. 그런데 여기서 세입자를 들여 보증금 천만 원에 월세 30만 원을 받는다고 가정하자. 그러면 보증금 천만 원을 바로 은행 빚에 대체하면 총채무는 사천만 원이 되고 1년 이자는 200만 원이 된다. 그리고 월세 30만 원이 임차인의 연체 없이 들어오면 일 년 360만 원의 이익을 얻게 된다. 그렇다면 결과적으로 이자 200만 원을 상환하고 연 160만 원의 수익을 얻을 수 있다. 결과적으로 자기자본 수익률을 따져보면 자기 자금 오천만 원을 투자하여 160만 원을 벌 수 있으니

3.2%가 된다. 이러한 수익률이 일반 정기 예금 등 이자율보다 낫다면 투자 가치가 있다고 볼 수 있다.

물론 변수는 있다. 즉, 갭투자 시 주의할 점이 있다. 이점을 많은 이들이 간과하고 있기에 설명을 강조하고자 한다. 이미 보증금과 월세가 세팅된 상품에 투자하지 않는 이상 임차인을 구해야 한다. 일반적으로 비용을 투자한 만큼 임차인을 빨리 들여야 하고, 더 좋은 조건의 임차인을 만나야 한다. 그러려면 일종의 소개비, 즉 부동산 공인 중개사 수수료를 생각해야 한다. 또한, 공실이면 은행 빚에 대한 이자는 계속 지불해야 하는데 월세 수익은 없으니, 손해를 볼 수도 있다. 그리고 공실 기간에도 아파트의 경우 관리비는 계속 내야 한다. 그리고 주택이라도 공실이면 지속적으로 관리를 스스로 해주어야 한다. 하다못해 정기적으로 들러 환기 및 청소도 해주어야 한다. 최악의 경우 자신이 생각한 조건에 맞출 수 없을지도 모른다. 임차인 입장에서 생각해보자. 갭투자한 부동산은 근저당권이 이미 설정된 경우가 일반적인데 임차인은 자신의 보증금을 떼일 위험을 생각하여 높은 보증금을 예치하는 데 부담이 있다. 보증금을 낮추는 대신 월 임차료를 높게 내면 되고, 적은 보증금은 일단 일시적으로 채무를 줄이는 데 쓰고 높은 임차료로 원리금을 감당하고 일부분을 수익으로 하겠다는 것은 철저히 임대인의 입장이다. 임차인도 똑똑한 사람이라는 것을 기억하자. 근저당권이 설정된 것을 고려하여 임차인도 보증금을 당연히 낮게 생각할 것이고 임차료도 어떻게든 깎을 것이다. 물론 갭투자자(임대인) 입장에서 자신이 생각한 설정에 맞춘 임차인을 찾아 받겠지만, 그것이 만만치 않다. 즉, 성격이 급한 사람이라면 자신이 생각한 시간보다 훨씬 더 오래 걸릴 것이다. 이때 많은 집주인은 사람인지라 초조해한다. 해당 부동산의 시세를 파악하지만, 공실 기간이 길어질수록 사람인지라 빨리 임차인을 들이기 위해 더 싼 값에, 손해 보는 조건에 물건을 내놓기도 한다. 이처럼 심리적 압박감에 시달릴 수도 있다. 그리고 정말 중요한 마지막 한 가지, 부동산을 보유하게 되면 재산세를 반기 당 한 번씩 내야 한다. 응당 비싼 부동산일수록 재산세는 더 많이 책정된다. 이러한 점을 갭투자 시 항상 염두에 두어야 한다. 정리하면 갭투자는 결국 무리하게 은행 빚을 끌어들여 시작해서는 안 된다.

그리고 은행 빚을 충분히 감당할 수 있다고 하더라도 그에 맞는 안정적인 현금흐름이 준비되어야 한다. 또한, 투자 대상 물건이 결국 수요와 공급의 법칙에 따라 많은 예비 세입자가 원하는 물건이어야 한다. 쉽게 말해 월세 수요가 풍부한 부동산을 투자 대상으로 삼아야 한다.

갭투자의 위험성에 대해 많은 이들이 간과하고 있다. 더군다나 갭투자에 있어 자신의 실패 사례는 좀처럼 이야기하지 않는다. 그런데도 필자가 이야기를 꺼내는 것은 본 주제 고정 수익형은 결국 '안정적' 수익형을 의미하기 때문이다. 단지 월세를 받을 수 있다는 것은 실제 그것이 실현되지 않는 이상 그저 장밋빛 예상에 불과하기 때문이다. 수익의 크고 작음에 상관없이 월세가 속칭 '또박또박' 들어와야 투자이기 때문이다. 안정적인 수익형 부동산에 투자하면 그것은 최고의 투자가 될 수 있다. 좋은 임차인을 만나면 관리하기도 쉽다. 임대인이나 임차인이나 모두 사람이다. 사람과의 관계에서 임차인의 정당한 요구, 예를 들어, 기본이 되는 수도 배관 등의 문제가 생겼을 때 고쳐 달라는 요구 등은 적절히 되는대로 빨리 해결해 주어야 한다. 임대인이라고 으스대며 꼿꼿한 자세로 임할 필요도 없다. 그저 서로의 입장에서 웃으며 관계를 맺는 것이 정도이다. 처음 계약한 임차인이 임대인과의 관계가 좋을 때는 월세를 적절히 올려주면서 오랫동안 계약하는 예도 많다. 필자는 일을 하며 한 곳에서 무려 10년이나 계약을 유지하며 지낸 임대차의 경우도 왕왕 보았다. 한 곳에서 어찌 그렇게 살까 하고 생각하실 수도 있겠지만, 그런 경우가 주위에 찾아보면 사례가 꽤 많다. 임대인이나 임차인이나 모두 처한 상황이 그래서 그런 것이 아닐까 생각할 수도 있지만, 상호 관계가 껄끄러우면 무려 10년씩이나 계약을 유지할 이유는 없다. 그만큼 원만한 관계 유지는 상당히 중요하다.

갭투자는 증권에 비유하자면, 보유한 현금으로 주식 투자를 하는 것이 아닌 신용, 즉 빚을 내서 주식에 투자하는 것과 같다. 결과가 좋다면 빚을 낸 것은 흔히 성공적인 레버리지라 말할 수 있다. 그러나 투자가 미래 불확실성에 자기 확신의 실행을 하는 것이라고 하면 갭투자는 자칫 무모한, 맹목적인 자기 실행이 발현된 묻지마 투자가 될 수 있다. 레버리지는 지렛대와 같다. 그래서 기업 경영에서도 분명 타인자본의 활용은 필수적이다. 상대적으로 비용 대비 높은 수익을 낼 수 있다면 그것은 효율적인 빚의 사용이 될 수 있다. 채무를 잘 활용해 고수익을 얻으면 그만큼 자기자본이 상대적으로 더 적게 들어간 것이기 때문에 자기자본이익률 즉, ROE(Return On Equity)는 높아진다. 그런데 혹시 무차입 경영이라는 말을 들어보았는가? 실제로 숨겨진 알짜배기라고 알려진 기업들을 보면 무차입 경영을 실천하는 기업들이 많다. 널리 알려진 대기업들처럼 규모가 크고 화려하지 않지만, 히든 챔피언으로 자기 업계에서 당당히 1등을 구가하고 있는 기업들이 있다. 이들은 무차입 경영을 하는데, 무차입 경영은 흔히 타인자본이 전체 자본 중 5% 이내인 기업들을 말한다. 빚이 총자본 대비 5%이면 기업에서는 빚이 거의 없다고 봐도 무방할 정도이다. 그리고 여기서 한 가지 더 개성상인들의 모토에 대해 말씀드리고자 한다. 조선비즈에서 회사 '빠이롯트' 창업주에 대해 소개한 적이 있다. 고인이 된 창업주는 이북 출신으로 전형적인 개성상인 마인드를 지녔다고 한다. 남의 빚을 쓰지 않고 기업을 경영한다는 것이다. 혹자는 빚 없이 어떻게 업을 일으킬 수 있냐고 반문할 수도 있다. 하지만 그것은 종잣돈을 꼭 빚에 많은 부분을 기댄다는 것으로 생각한다. 요즘 경제가 어렵고 종잣돈 모으기가 힘들다는 사실을 잘 알고 있다. 아버지 세대, 할아버지 세대 때 은행에 저축하면 이자율이 지금보다 수 배, 수십 배가 높았다. 그렇지만 잘 생각해 보면 그때는 높은 대출 이자율의 돈을 잘 활용하면 더 많이 벌 수 있었다. 경제의 폭발적인 성장기였기에 가능했다. 지금은 다르다. 안 써서 모아도 물가 상승률 대비 힘들게 한 저축액의 가치는 떨어진다. 즉, 돈의 가치는 계속 하락하고 있다. 많은 사람들이 이 사실을 잘 알고 있다. 그래도 부자가 되는 전통적인 방법은 변하지 않았다. 힘이 들수록 더 빨리 종잣돈을 만들어서 젊을 때 첫발을 떼야 한다. 자기가 모은 종잣돈으로 시도해야 한다. 남의 돈으로 만든 종잣돈으로 실패하면 자기가 모은 돈으로 실패했을 때보다 후과가 더 크다. 재기하는데 드는 힘의 차이가 엄청나다. 전자는 거의 재기 불가능일 수도 있다. 그러나 자기 힘으로 모은 돈으로만 실패하면 다시 기회가 있으니 충분히 재기할 수 있다. 다시 갭투자로 돌아오면, 처음부터 일확천금을 목적으로 갭투자를 시도하는 것은 너무 위험이 크다. 어느 정도 세상 경험이 있고 특히 부동산에 있어 경험이 충분히 있고 난 후에 고려해 볼 수 있는 것이 갭투자 옵션이다.

갭투자, 즉 가수요가 집값을 올려놓았다는 투기 수요 지적이 있다. 전세 제도는 우리나라에만 있는 희귀한 제도라서 차라리 다른 나라들처럼 월세만 있어야 하는 것이 시장 흐름에 더 좋지 않냐는 분석도 있다. 풍선효과라고 집값을 억제하면 다른 상업용 부동산이나 기타 토지 가격이 오를 가능성도 있다.

개인적으로 갭투자는 자유주의 사회에서 충분히 할 수 있는 투자의 한 방법이라고 생각한다. 그러나 그 정도가 지나치면 문제가 있다. 투자가 아닌 투기적 목적이라면 다수의 비난은 피할 수 없다. 무주택자로 있으면서 저리의 전세 자금 대출을 받고 그 돈으로 갭투자를 하고 이것을 넘어 과소 신고로 탈세까지 하면, 그리고 갭투자 행위를 반복하여 차익을 전문적으로 노린다면 이것은 어불성설 집값만 올려놓는 비난 받을만한 일이다. 전세 자금 대출의 취지를 몰각시키고 사회 혼란을 일으키며 자신의 차익을 챙기는 일, 그것이 갭투자로 발현된다면 그것은 사회의 비난을 피하기 힘들 것이다.

D
부동산 부자의
개발, 투자 단계

1. 빈 땅 사서 새로 올리기
2. 허가의 문제
3. 투자의 단계
- 아파트 투자 vs. 단독 주택
4. 빌라는 퇴물? 고급 빌라!

첫술에 배부르랴, 라는 말이 있다. 빈부격차가 심화한 세상에서 다소 자조적인 말이 아닐까 생각하는 분이 계실지도 모르겠다. 그러나 잘 살펴보면 과욕을 부리지 않으면 자연히 배불리 먹지 않을까 생각할 것이다. 어차피 모든 사람은 보통 세 끼 정도 먹는다. 그렇다고 한 끼에 밥 세 공기를 먹는 것처럼 미련한 짓도 없다. 그렇게 하면 보통 체하고 만다. 부동산 투자에도 단계가 있다. 자신이 가진 능력, 그것이 보유한 자기 자금이 될 수도 있고, 저리의 자금 차입력, 혹은 부동산 요지를 보는 안목이 될 수도 있다. 그러나 시작은 조그맣게 시작하는 것이 좋다. 그리고 한두 차례 성공을 바탕으로 사이즈를 키워나가거나 개수를 늘려나가는 것이 더 낫다. 그러면 어느새 훌쩍 성장한 자신과 가족을 보게 될 것이다. 단계의 발전을 확신한다. 시작은 자가 거주지 구입, 그다음이 추가 부동산, 그것이 상가든 추가 주택이 되든 그렇게 이어진다. 그리고 기존 만들어진 부동산 대상에 투자하는 것을 넘어 직접 건물을 지어보는 단계로 넘어갈 수 있다. 일종의 다음 단계, 고수의 단계이다.

1. 빈 땅 사서 새로 올리기

　땅에 있어 지목의 종류는 건물을 지을 수 있는 나대지 외 다양하다. 전, 답, 임야 등도 투자 대상이 될 수 있다. 전, 답, 임야 등에 투자하려면 역시 결국 기본을 생각하면 된다. 공급량에 비해 수요층이 두터우면 그것이 바로 투자 대상이다. 입지적 요건이 훌륭한 곳이면 좋다. 훌륭한 입지는 첫째, 도심 접근성이 좋아야 한다. 그러려면 도로에 인접해야 함은 당연하고 그 도로가 큰 도로이면 더욱 좋다. 둘째, 용도 변경 가능성이 있을수록 좋다. 땅 주인의 의지로 신청에 따라 변경될 가능성도 있다. 해당 토지가 그린벨트 즉, 개발 제한 구역에 현재 묶여 있다면 거래 자체도 힘들 수 있다. 그런데 그 구역이 차후 개발 계획에 따라 용도 변경이 될 가능성이 있다면, 그 땅이 바로 노다지이다. 쉬운 예로 예전에 하남도 그린벨트 지역이었다. 그런데 도시 서울의 팽창으로 서울 강동구에 인접한 하남 개발 압력을 서서히 받아 결국 개발이 된 것이다. 여러 가지 지목 중 주목할 지목이 있다. 그것은 건물을 지을 수 있는 지목 '나대지'이다. 땅을 제대로 활용할 수 있는 것은 결국 그 땅 위에 건물을 짓는 것이다. 그 건물이 거주 목적의 건물일 수도 있고 상가가 될 수도 있으며 심지어 공장이 될 수 있다. 비어 있는 땅을 사서 건물을 새로 올려 부가가치를 창출하는 것, 혹은 낡은 건물이 있는 곳의 대지, 건물을 매입하여 기존 건물을 철거하고 신축을 택하는 방법 등 일명 디벨로핑(개발)을 하는데 투자하는 것이다.

2. 허가의 문제

　물론 건물을 자신의 의지대로 무조건 세울 수 있는 것은 아니다. 관할 관청의 허가를 득해야 건물을 지을 수 있다. 우선 지도를 잘 볼 수 있어야 한다. 최근에는 인터넷 지도를 검색해 보면 용도 구역이 잘 표시되어 있다.

　용도 구역 즉, 그 땅의 용도가 어떻게 되는지에 따라 지을 수 있는 건물이 결정될 수 있다. 높은 건물을 세울 수 있는지, 공장을 지을 수 있는지, 거주지만 지을 수 있는지는 그 땅의 용도에 따라 결정된다. 그리고 여기서 더 중요한 점이 있다. 용도 지역을 알아볼 때 인터넷 지도 검색을 할 수도 있겠지만, 기본적으로 토지 이용 계획을 먼저 알아봐야 한다. 토지 이용 계획 사이트로 해당 지번을 검색하면 쉽게 볼 수 있다. 해당 토지가 어떤 지목인지 앞으로 계획이 어떠한지, 현재 어떤 제한이 걸려있는지, 그에 따른 법적 근거는 무엇인지 모두 알 수 있다. 처음 토지 이용 계획을 검색하면 익숙하지 않아 어려울 수 있다. 그러나 만사가 그러하듯 많이 보면 익숙해지고, 익숙해진다는 것은 결국 사용하기 쉽다는 것을 뜻한다. 토지 이용 계획도 힘들더라도 많이 보고 익숙해져야 한다.

　토지 이용 계획을 본 후 다음은 토지 대장, 건축물대장을 살펴야 한다. 쉽게 말해 양 대장은 그 물건의 기본 사항, 역사를 말해준다고 볼 수 있다. 특히 건축물대장의 경우 주의할 필요가 있다. 등기부 등본에 기재되지 않은 무허가 건물(구청 무허가 건물 확인원 발급 가능) 등을 잘 확인해야 한다. 그 외 미등기 건물의 경우도 있다. 예를 들어, 일정 제한 구역의 경우 향후 개발 계획에 따라 건축 허가가 나오지 않는 경우가 있다. 향후 대규모 개발이 있을 것인데, 건축 허가를 내줄 수 없다는 입장이다. 그런데 땅 주인 입장에서는 해당 재산권을 행사해야 하니, 미등기 건물이라도 올릴 수밖에 없다. 이런 예는 독특한 예지만, 결과를 해석해 볼 필요는 있다. 미등기 건물이라면 등기만 안 되었다 뿐이지 월세를 놓는다면 월세는 받을 수 있다. 그런데 미등기 건물의 가장 큰 문제점은 대출을 받을 때이다. 은행에서 실무적으로 해당 미등기 건물을 담보로 잡을 때 그 밑의 지상 토지에 근저당권을 설정하여 담보를 잡고 미등기 건물에 근질권(동산의 담보 형태)을 설정하여 대출을 일으킨다. 토지에 비해 건물은 평가를 거의 쳐주지 않는다. 다만 만에 하나 근질(권)을 설정해 놓아야 일괄 경매 시에 매수인이 나타날 것이 아닌가? 그리고 실무적으로 은행에서 위와 같은 방법이 있어도 복잡한 방법으로 담보를 설정하는 것을 꺼린다. 그래서 담보 평가가 박한 것인지도 모르겠다.

다시 토지 대장, 건축물대장으로 돌아오면, 토지 용도 계획의 큰 틀은 확인 해당 개별 토지대장, 건축물대장을 확인하는 것이 기본이라 할 수 있다. 특히 경매 시 건축물대장을 확인해 보지 않아서 낙찰받은 후 해당 물건지가 불법 건축물임을 나중에 알아 낭패를 본 경우들을 발견할 수 있다. 정말 문제가 있어 경매에 나온 사례라 할 수 있다. 단순 수익 계산만 하고 낙찰을 받았는데 불법 건축물에 내야 할 과태료 납부는 물론이거니와 해당 건축물을 사용, 수익할 수 없게 되면 그야말로 손해 천지일 수 있다.

마지막으로 정말 기본 중 기본인 등기부 등본 확인이다. 해당 부동산이 어떤 형태이며(표제부), 소유권자가 누구이고 어떤 제한이 있는지(갑구), 해당 부동산에 어떤 담보권이 설정되어 있는지(을구) 등을 확인할 수 있다.

등기부 등본을 처음 보았을 때 필자 역시 매우 혼란스러웠다. 초심으로 돌아가면 더 쉽게 이해할 수 있도록 용어 변경 내지 내용 표시 배치 변경 등은 응당 필요하다고 생각한다. 그런데 이제 하루에도 등기부 등본을 많이 본지 10년이 넘어가니 익숙해졌다. 특히 인터넷 등기소를 통해 열람 출력 시 현 기준 요약표만 보아도 쉽게 이해할 수 있다. 등기부 등본 확인은 기본 중 기본이고 많이 볼수록 익숙해진다.

3. 투자의 단계
– 아파트 투자 vs. 단독 주택

처음부터 과욕을 부리는 것은 지양해야 한다고 이미 말씀 드린바, 처음 거주를 목적으로 매수한다면 아무래도 소형 아파트가 낫다. 그 후 종잣돈을 모아 다음 소형 아파트 한 채를 추가 구매할지 아니면 더 큰 평수의 아파트로 갈아탈지 고민하는 것이 다음 단계이다. 투자 대상 아파트의 지역이 어디냐, 입지적 중요성이 얼마나 되냐가 투자 시 고려 대상이 될 수 있다. 서울 지역 내 직주 근접, 학세권에 투자하는 것이 좋고, 그게 아니면 서울과 가까운 경기 지역 요지에 투자하는 것이 좋다. 해당 지역의 아파트를 매수하는 것이다. 이것이 핵심이다. 단계를 잘 밟아나가기면 하면 된다. 본인의 사정에 따라 그 속도는 남과 다를 수 있다. 그것은 오로지 돈의 많고 적음에

만 달린 것이 아니다. 본인 의지의 강도, 실행력이 오히려 돈보다 더 중요하다. 확신이 들면 과감히 실행하는 것이 좋다.

아파트 투자를 해가며 성장하는 것이 기본이고 좋은 투자임은 두말할 필요가 없다. 그런데 본인이 거주할 목적이라면 어느 정도 단계 이상에서는 단독 주택을 구입하는 것도 좋은 방법이 될 수 있다. 단독 주택은 아파트처럼 공동 경비원이 없어 모든 집안 곳곳의 간단한 수리 또한 본인이 책임져야 한다는 점, 보안에 문제가 있을 수 있다는 점에서 불편하다고 하는 분이 많다. 그러나 잘 생각해 보면 진짜 부자는 다들 단독 주택에 거주한다. 특히 충분히 단독 주택을 구매하고 유지할 수 있는 사람 중 사생활 보호를 중시하는 사람들이 단독 주택에 산다. 단독 주택에 투자하는 것은 아파트가 답답해서 마당이 딸린 집에서 살고 싶다는 개인 성향도 중요할 수 있다. 그러나 투자적인 관점에서 보면 단독 주택은 결국 감가상각이 될 수밖에 없는 건물 가치는 차치하고, 결국 땅에 주목, 공시지가를 보면 된다.

알다시피 공시지가는 계속 오를 수밖에 없다. 입지적 요건이 부족한 지방 한적한 곳이 아니면 공시지가는 최소 동결되거나 웬만해서는 오른다. 그곳이 좋은 동네라면 공시지가 상승률은 다른 지역에 비해 상대적으로 더 높다.

공시지가가 오른다는 뜻은 내야 할 재산세도 높아진다는 것을 의미한다. 우스갯소리로 지방 정부가 세금을 더 거두기 위해서라도 공시지가는 매년 무조건 오른다는 이야기가 있다. 어느 정도 신빙성 있는 말이라고 생각한다. 어찌 되었든 간에, 단독 주택에 투자하면 쉽게 말해 땅값이 오르기 때문에 장기적으로 보유하면 그 투자 값어치를 제대로 할 수 있다. 어차피 땅은 한정되어 있다. 그 한정된 땅을 가지고 있다는 것은 추후 예비 수요자가 있으면 매각할 수 있다는 뜻이 된다. 이것이 좋은 땅의 힘이다.

단독 주택이 차지하는 대지의 크기만큼 값이 비쌀 수밖에 없다. 그래서 아무나 살 수 없는 거주지 형태이기도 하다. 본인이 투자하고 싶은 혹은 살고 싶은 곳이 재개발 예정지의 단독 주택이든, 아니면 고급 주거 지역 안에 있는 단독 주택이든 높은 단계의 투자 형태임이 분명하다.

4. 빌라는 퇴물? 고급 빌라!

　일반적으로 빌라에 투자하느니 평수가 작아도 대단지 아파트로 가라고 한다. 일반적으로 같은 평수, 비슷한 입지 조건이라면 빌라가 아파트보다 더 싸다. 그럴 수밖에 없는 것이 보안성, 편의 시설, 커뮤니티 측면에서 사이즈가 작은 빌라는 아파트에 비해 뒤처진다. 특히 주차의 경우 빌라는 항상 애를 먹는다. 통계도 잘 나오지만, 굳이 공식 통계가 아니라 하더라도 요즘은 한 가구당 기본 차 한 대 이상은 있는 것 같다. 오히려 한 가구당 차 한 대라는 인식이 무색할 정도이다. 일반 빌라들도 요즘은 필로티 설계로 주차 공간을 확보하려 한다. 필로티를 세우고 실질적으로 2층부터 거주층이 시작되는 것이다. 그래도 주차 공간은 부족하고 대부분 대로변 기준 깊숙한 안쪽 거주 지역의 경우 빌라 내 주차장이 확보되어도 거기까지 들어가는데, 일방통행로, 이면도로 등 초보 운전자가 가기에는 너무 쉽지 않은 길이 펼쳐진다. 어느 정도 본인 동네에 운전이 익숙해야 어려움이 없다. 이것이 일반적인 빌라에 대한 인식이자 단점이라면 단점이다. 그런데 그것이 고급 빌라라면 이야기는 180도 달라진다.

고급 빌라는 일단 입지적인 부분과 평형에서 특징을 가진다. 입지적인 부분은 흔히 아파트를 기준으로 한 역세권이나 한강변, 숲세권 등의 자연환경이 가까운 곳을 의미하지 않는다. 고급 빌라의 경우 철저히 프라이버시를 보장받을 수 있는 입지적 여건을 의미한다. 고급 빌라에서 살 정도면 대중교통보다 자가용을 이용한다. 누구나 알만한 부자 동네 주택가에 위치한 곳에 특히 철저한 무인 경비 시스템과 더불어 별도 고용된 경비원들이 지키는 주거지, 그것이 고급 빌라의 특징이다. 그래서 고급 빌라에는 재벌 2·3세, 연예인 등이 많이 선호한다. 내부 커뮤니티가 형성되기보다 자신의 프라이버시를 보장받으며 철저히 개인주의를 누리며 살 수 있는 점을 특징으로 볼 수 있다. 고급 빌라는 아파트처럼 매물이 많지 않아 대중들에게 가격 정보가 알려져 있지 않다. 그저 호가만 있을 뿐이다. 시세는 없고 호가만 있는 곳, 서로 다른 특징의 고급 빌라가 있고 그 공급량이 제한되어 있어 높은 가격을 유지할 수 있다. 대지가 넓은 단독 주택과 더불어 고급 빌라는 부동산 투자 매매의 거의 마지막 단계로 볼 수 있다.

E

범 서울권 탐구

1. 세종특별자치시
2. 판교와 위례
3. 다산 신도시와 광주 오포읍
4. 일산 지역
5. 몸이 멀어지면 마음도 멀어진다!
6. 결국, 입지가 기본!
7. 부동산 투자의 기본자세(자신의 가치 높이기)
   - 우공이산, 기본소득 증대

본저는 서울권을 중심으로 의견을 피력했다. 그런데 명실공히 우리나라 제2의 도시 부산이나 그 외 광역시 등을 차치하고라도 반나절 생활권을 넘어 단 몇 시간 생활권이 된 점을 고려하면, 범 서울권 개념을 생각하지 않을 수 없다. 그래서 요즘 많은 분이 관심을 두는 지역 몇 군데를 간단히 살펴보고자 한다.

1. 세종특별자치시

세종시는 행정 수도 기능을 가진 철저한 계획도시이다. 과거 정부 종합청사가 지어지며 발전된 과천처럼 세종시는 현재 행정 도시 프리미엄을 갖고 가치를 유지하고 있다. 수도 기능 분산이라는 목적으로 국회의사당 이전 등도 예정되어 있다. 세종시를 행정 수도로 만들 때 이미 풍수적으로 훌륭한 입지를 택한 것으로 익히 알려져 있다. 그리고 정부 청사 등을 기준으로 교통 기능을 가진 종합 터미널, 아파트 단지 등 그야말로 계획적으로 지어졌고 또한 아파트는 계속 지어지고 있다. 대전에서 일하며 살고 있는 지인의 이야기를 들어보면 대전의 거주 수요가 점차 세종시로 몰려가고 있는 느낌을 받는다고 한다. 그도 그럴 것이 낡은 아파트를 떠나 교통도 편리한 세종시의 새 아파트로 이사하여 편리한 생활 프리미엄을 갖는 것은 삶의 엄청난 혜택을 받는 것일 수 있다. 반면, 세종시가 아직 발전적 측면에서 현재 진행형이므로 비판적 시각도 있다. 일단 행정 도시인 만큼 많은 공무원이 세종시에 이전하여 살고 있는데, 주말만 되면 서울로 올라오기 바쁘다는 것이다. 서울에 있는 가족을 만나러 오는 것이 첫 번째 이유이고, 아직 세종시 인프라가 다 갖추어져 있지 않아 편의 생활을 누리기 위해 서울로 올라온다는 것이다. 이런 측면만 보면 부동산 매매 수요 측면에서는 평가를 후히 줄 수는 없다. 차라리 소형 평수의 월세 수요는 몰라도 말이다. 사견으로 만약 세종시에 쇼핑 등 주말 편의 공간이 확충되고, 특히 외부 수요를 끌어들일 정도의 명문 학교 등이 공고화되면 경제적 수도는 서울로 남아있되, 또 다른 명실공히 행정 수도 세종특별시는 완성될 것이다. 그리고 물론 부동산 가격도 많이 오를 것이다.

출처 : 세종시

2. 판교와 위례

　판교는 강남과 가까운 신도시로 이미 가격 측면에서 많이 반영된 도시이다. 특히 판교역 부근 현대백화점의 개점 이후 판교는 현존하는 완벽한 신도시의 모습을 갖추게 되었다. 판교는 개발 계획에 따라 특히 IT 계열의 뛰어난 회사들이 많이 입주했다. 자체 자급자족 도시로서의 면모를 갖추게 된 것이다. 직장과 아파트 단지가 많은 동판교와 자연 친화적인 낮은 저층의 주거지가 많은 서판교의 조화도 매우 훌륭하다. 판교는 살기에도 좋고, 사기에도(투자하기에도) 좋은 명품 신도시이다. 판교와 항상 비교 대상이 되는 위례의 경우는 어떠한가? 강남 접근성 측면에서 보면 절대적 거리로는 오히려 판교보다 낫다. 그런데 필자가 보기에 위례는 가치적인 측면에서는 절대 판교를 뛰어넘지 못하리라 생각한다. 그 이유는 앞서 말한 부분에 있다. 위례는 판교처럼 훌륭한 직장이 많지 않다. 즉, 위례 하면 떠오르는 산업 혹은 이름 있는 대기업 등 회사가 없다. 새 아파트 단지들이 많이 들어서고 주변 자연환경이 훌륭한 점은 좋다. 실제 위례에 전세를 사는 지인의 말을 들어보면 살기에만 좋다고 한다. 직장이 서울 도심에 있는데, 한 번 나오려면 복정역까지 마을버스를 타는 하루 전투를 치러야 하고 복정역을 통해서만 일단 도심으로 진입할 수 있다는 것이다. 앞으로 도시 철도 개발 계획에 따라 역도 새로 생길 것이고 위례지구 내 트램 개발 계획도 계속 들린다. 그러나 그것이 얼마나 실효성을 거둘지는 예상하기 힘들다. 그리고 그 지인은 위례가 송파구 영향을 받아서 그런지(송파구 지역민들의 이주) 물가만 그쪽 따라서 높은 것 같아 그 점이 불만이라 했다. 기존 집값이 높아지겠으나 가치 측면에서 대박은 아니다. 판교에 비해 자급자족형 명품 도시는 아니고 그저 나쁘지 않은, 다른 서울 지역에 비해 가격 측면에서 저평가된 베드타운 역할을 할 것으로 생각된다.

3. 다산 신도시와 광주 오포읍

다산 신도시는 서울 동북 권역 외곽 남양주 쪽의 신도시이다. 부동산 경기의 호황과 더불어 다산 신도시의 프리미엄도 2016년 기준 분양가보다 올랐다. 그런데 자세히 보면 시공에 참여하는 건설사 대부분이 속칭 1군 건설사는 아니다.

서울 접근성 측면에서 보면 경의선과 지하철 9호선을 통해 오는 것은 상당히 좋다. 서울의 무서운 집값을 피해 상대적으로 저렴한 아파트를 골라 신도시의 편리한 생활 환경을 누리겠다면 다산 신도시를 고려해 보는 것도 나쁘지 않다. 그러나 문제는 절대적인 거리와 더불어 심리적인 거리이다. 자신의 사업이나 직장이 동북 권역 쪽이라면 무리는 없겠으나 광화문 종로 도심권이나 강남 권역이라면 다산 신도시에 가는 것을 다시 한번 생각해 볼 필요가 있다.

광주 오포읍의 경우 아직은 많은 이들이 주목하지 않는 곳으로 생각된다. 범 서울 권역이 팽창하면 자연스레 경기도 광주까지 그 영향이 미칠 것이다. 그러나 서울 도심으로부터 절대적 거리가 먼 것이 사실이다. 차후 10년 혹은 20년을 바라본다면 경기도 광주도 발전할 것이다. 투자는 이러한 점을 염두에 두고 해야 할 듯싶다. 아니면 현재 서울에서 벗어나 자연 친화적인 주거를 꿈꾸고 그 외 도심에서 찾지 못한 사업 기회를 찾는다면 상대적으로 아직 저평가받는 광주 오포읍을 생각해 볼 수 있다. 나름 커뮤니티를 생성하며 살 수 있을 정도로 기본 인프라가 갖추어져 있다. 자신의 건강과 도전이 투자 목적이라면 광주 오포읍 정도도 생각해 볼 만하다.

4. 일산 지역

　일산은 제1기 신도시이다. 1기 신도시의 쇠퇴로 별 볼 일 없을 것으로 생각할 수도 있다. 기존 아파트들은 노후화가 진행되고 있다. 그러나 그런 일산이 다시 주목받고 있다. 은평 뉴타운 지역의 자리 잡음과 수색 뉴타운 개발에 이어 고양 항동 지구 개발까지 재개발의 물결이 일산 지역에까지 힘을 미치고 있는 형국이다. 이미 일산은 대표적인 서북 권역의 베드타운 역할을 하고 있다. 킨텍스와 같은 지역 명소의 발전과 이케아 개점, 신세계 그룹의 하남 스타필드 히트 등 거주 인프라 환경이 매우 좋다. 예상컨대 기존 인식대로라면 일산 호수공원을 중심으로 다시금 재건축을 발판으로 일산이 새로 탄생할 것이다. 그리고 그곳을 기점으로 일산과 그 외곽 지방

도시들 역시 힘을 끌어들이지 않을까 싶다. 실제로 일산에 거주하시는 분들의 순수 거주 만족도는 높은 편으로 보인다.

서울의 일명 미친 집값이 싫어 저렴한 일산에 거주하며 주말에는 편의 생활을 집 근처에서 누릴 수 있다는 점에 큰 만족감을 나타내고 있다. 일산 지역은 투자하기에 초대박은 아니어도 나름 상황에 따라 만족감을 느낄 수 있는 중요한 지역 중 하나이다. 중심지의 비싼 거주비 지불이 아닌, 합리적 가성비를 원한다면 일산은 우선 후보지 중 하나임이 분명하다.

5. 몸이 멀어지면 마음도 멀어진다!

범 서울 권역을 중심으로 앞서 간략히 말씀드렸다. 제주도도 비행기를 이용하면 금방이라 범 서울 권역으로 볼 수 있지 않냐, 혹은 한때 유망 투자처로 주목받은 중요한 곳 중 하나 아닌가 하는 의문점을 가질 분들도 계실 것이다.

맞는 말이다. 그러나 제주도는 외국 자본 특히 중국 자본이 많이 들어와 가격이 크게 오른 상태이다. 당장 투자한다면 조심스러워 말을 아끼고 싶다. 그리고 중요한 한 가지 이유가 더 있다. 부동산 투자는 결국 자신이 잘 아는 곳, 익숙한 곳에 투자해야 성공할 가능성이 높다. 어떤 분은 단순히 국내 여행 내지 우연한 방문 중에 보기에 심히 좋다 하여 투자를 결정하기도 한다. 그것이 결과적으로 성공으로 이어졌다면 그것은 그분의 높은 안목일 수도 있고 단순한 운일 수도 있다. 이렇게 생각해 보면 어떨까? 부동산 투자는 실물 투자이다. 매수할 때 한 번만 가보고 하는 것이 아니다. 결국, 차익 실현형으로 나중에 팔 때라도 그때까지 관리하려면 수시로 가보아야 할 필요가 있다. 그리고 수익형이라고 해도 새로 고치고 관리하는데 역시 많은 방문이 필요하다. 자기 소유가 되면 자기 것인 만큼 애착을 두고 보살펴야 그 물건의 가치는 자연히 높아질 수밖에 없다.

어른들 말씀에 몸이 멀어지면 마음도 멀어진다고 하였다. 자신의 심리적 거리와 절대적 거리에서 가까운 곳을 보는 것, 부동산 투자에 있어 성공의 중요한 조건이다. 자신의 발걸음이 많아 익숙하고 잘 안다고 확신하는 곳, 그곳에 투자해야 한다.

6. 결국, 입지가 기본!

여러 지역 중 어디에 투자할까요, 라고 많은 이가 묻는다. 질문이 잘못되었다. 예전 학창 시절 한 교수께서 질문을 받아보면 그 질문의 질이 다름을 느끼고 그 학생을 평가할 수 있다고 하였다. 그 말을 응용하면 필자는 이렇게 질문할 것 같다. 예컨대 제가 현재 광화문에 직장을 다니며 신당동에 살고 있습니다. 아이의 육아 환경을 생각해서 사는 곳 근처 아파트 대단지 A, B, C 등을 알아봤는데, 차후 차익 실현까지 감히 생각한다면 A, B, C 중 어디가 더 나을까요, 라고 질문을 할 것이다. 여러 가지 상황을 대략 나열하였고, 질문이 비교적 구체적이다. 투자는 결국 자신이 생각하는 구체성을 가지고 전문가와 자신에게 질문을 해가며 답을 찾아나가는 것이다. 그리고 그 질문의 답은 결국 해당 부동산 입지가 어떠한가, 라는 기본으로 돌아간다. 아무리 강조해도 지나치지 않을 정도로 부동산에 있어 입지는 중요하다. 교통을 중시하면 역세권, 환경 측면을 고려하면 한강변 내지 숲세권, 대규모 공원 근처, 교육을 중시하면 유명 학원가 근방(학세권) 등 결국 이 모든 사항이 입지이다. 입지를 선점하고 기다리면 결국 수요층이 나중에 나타나 가격에서 손해 보는 일은 절대 없다. 상황에 따라 이익의 정도가 차이 날 뿐 좋은 물건을 가졌는데 절대 손해 보지 않을 것이다.

7. 부동산 투자의 기본자세
(자신의 가치 높이기)
- 우공이산, 기본소득 증대

 부동산 투자에도 일종의 길은 있다. 이 길이 왕도는 아닐지라도 어느 정도 많은 분이 걷는 비슷한 길이다. 일종의 고속도로라고 보면 무방할 듯싶다.

 첫째, 일단 종잣돈을 모으는 것이다. 둘째, 선택에 있어 신중한 판단을 기하는 것이다. 부동산은 증권 투자와 다르다. 한 번 투자하면 쉽게 뺄 수 없다. 심지어 몇 년을 기다려야 할 수도 있다. 그래서 신중한 판단이 필요하다. 마지막으로, 신중한 판단과 역설적이게도 과감한 실행이 필요하다. 둘을 정리하면 이렇다.

결국, 생각은 차분히 하고 행동은 빠르고 과감하게 하는 것이다. 이를 잘하는 분들이 대부분 부동산 투자에서 성공하였다. 부동산 투자는 인생에 있어 한 번만 이루어질 수도 있겠으나 일반적으로 그렇지 않다. 사람에 따라 그 기회가 무수히 많이 올 수도 있다. 샀다 팔았다 반복하여 부를 얻는데 부동산 투자를 하려는 분들도 계실 것이다. 그러나 감히 권유를 드리자면 천천히 투자하는 방법을 말씀드리고 싶다. 마치 팔지 않고 사서 모은다는 심정으로 부동산 투자를 하시길 바란다. 바로 이러한 마인드로 투자에 임한다면 성공할 것이다.

종잣돈 이야기를 다시 했다. 종잣돈은 말 그대로 열매를 맺기 위해 씨앗이 되는 돈이다. 정해진 정확한 액수는 없으나, 그래도 부동산이 최소 억대라고 생각하면 시작에 최소 갭투자를 생각해도 몇천만 원의 준비금은 필요하다. 어떻게 보면 좋은 입지를 가진 부동산은 그 명성이 깊을수록 많은 사람이 이미 알고 있다. 도곡동 타워팰리스, 대치동 은마아파트, 반포동 아크로 리버파크 등 문외한이더라도 한 번쯤 이름을 들어보았을 것이다. 그래서 말씀드린다. 종잣돈을 모으기 위해 절약, 저축은 필수적이다. 그리고 저축하기 위해 일정한 기본소득은 갖추어야 한다. 즉, 자신의 가치를 키워 어느 정도 고정적인 현금수입이 확보되어야 한다. 그래야 빚을 내서 부동산 투자를 하더라도 그 빚을 기본소득으로 충당할 수 있다. 근래 부동산 광풍이 불었을 때 아파트 청약에 돈이 된다고 하니 대학생들이 청약을 받아 그 분양권 프리미엄을 받고 매도하는 재테크가 유행한다고 일간 신문에 기사가 난 적이 있다. 과열의 징표라고 볼 수 있다.

대학생의 일반적 기본소득을 생각하면 그 분양권을 매개로 집을 살 수는 없다. 그야말로 분양권 매매를 목적으로만 속칭 '묻지마 청약'을 넣고 본 세태이다. 그것이 옳고 그르냐에 대한 도덕성 판단은 차치하고 투자 목적에서 봤을 때는 바른 판단이라고 보기 어렵다. 투자하는데 분양권 매도라는 한 가지 옵션만 생각할 수는 없다. 아까 말씀드렸듯이 단순히 비싼 값에 팔기 위해 투자한다는 자세가 아닌 사서 모은다는 마음으로 투자한다고 생각하면 이해가 되리라 생각한다.

제2부
투자에 대한 생각

A
가격은 가치가 아니다.
가격은 매도자 혹은 매수자의 호가이다!

1. 거품론 또는 과열론에 대한 견해
2. 부동산에서도 수요와 공급의 법칙
3. 살 것인가? (거주 vs. 투자)
4. 망해도 땅은 남는다?
5. 사서 남기고 모으는 것이다! (부자의 원칙)
6. 수요와 공급, 그리고 유동성

부동산에 대한 가격을 지불할 때 그 가격이 합당한가에 대한 의문점은 누구나 제기할 수 있다. 혹자는 지금은 과열이다, 지금은 적정가이므로 비싼 값은 아니라고도 한다. 순수하게 지금 순간의 가격에 관해 이야기한다. 여기서 조심할 점은 가격은 가격일 뿐이다. 가격은 절대 가치와 동일한 개념이 아니다. 가격은 가치를 포함할 수도 있지만, 가격이 비싸다고 해서 그 가격이 그만큼 비례한 가치를 가진다고 말할 수는 없다. 가격은 매도자 혹은 매수자의 호가이다. 지금 내가 바라보는 특정 부동산의 '가격'이 비싼지 적정한지, 아니면 정말 싼지는 스스로 판단해야 한다. 남들이 뭐라 하든지 간에 자기 확신이 있다면 그 가격에 매도 혹은 매수를 해야 한다. 이것이 투자의 기본 중 기본이다.

1. 거품론 내지 과열론에 대한 견해

과거 경제사 중 일본 버블 경제에 대해 한 번쯤은 들어보셨을 것이다. 하늘 높은 줄 모르고 치솟던 가격은 일본 경제의 쇠퇴와 함께 그 가격이 가히 급전직하 수준으로 떨어졌었다. 마치 내실 없이 부피만 커 보였던 거품이 터진 모양처럼 말이다. 실제 일본은 경기 침체와 고령화 등 사회적 영향으로 잃어버린 30년을 경험했다. 일본 도심 내 오피스용 건물 및 거주지는 제외하고 그 외 수도 주변 위성 도시 및 지방 도시의 집값은 엄청나게 내려갔다. 그 정도가 우리나라에서 과거 이야기한 하우스 푸어의 수준을 넘어선다. 예전 TV 프로그램에서 30년 전 분양받은 도쿄 위성의 신도시에 맨션을 분양받은 이가 맨션의 값은 계속 떨어졌는데 아직도 집을 살 때 받았던 주택 담보 대출을 갚고 있다고 했다. 그 맨션은 현재 거주민이 절반에도 못 미치고 실제 사는 사람들의 연령대도 60대 이상이 태반이라고 했다. 경제가 원활히 돌아가고 실제 노동을 하는 젊은이들이 많고 또 그들에 의해 적극적 소비가 이루어지면 부동산 가격도 당연히 오를 수밖에 없다. 어떤 이는 이런 일본의 사례를 우리가 타산지석으로 삼아 대비해야 한다고 한다.

우리나라 주택 보급률은 2017년 기준으로 100%를 넘었다고 한다. 이 말인즉, 실제 가구 대비 주택의 수가 1:1을 넘어섰다는 것이다. 통계대로 단순 해석을 하면 가구당 집의 수가 부족하지 않다는 뜻이다. 즉, 더 이상 주택이 공급될 요인이 없다는 것이다. 주택 보급률이 100%에 육박하는데, 굳이 주택에 투자할까, 라는 의문을 품게 한다. 실제 업계의 몇몇 분들은 이런 이야기도 한다. 사업장에 들어가는 월세는 감당할지언정, 어찌 집 월세에 목돈을 들일 수 있느냐, 차라리 그 돈을 아껴서 저축하겠다고 말하는 분들이 많다. 이런 상황에서 과연 특히 주택에 투자하는 것이 옳은 것일까?

위의 두 가지 사항을 나는 반박하고자 한다. 미리 말해두지만, 필자는 제기되고 있는 부동산 과열론 내지 거품론에 회의적이다. 단지 단기적으로 가격이 상당히 빠르게 올라 그 속도가 괄목할 만한 정도인지는 몰라도 적어도 장기적 시각에서 보면 절대 과열이 아니다. 첫째, 우리나라가 일본의 잃어버린 30년처럼 우리나라 부동산 시장에서도 침체가 크게 일어나고 회복은 불가능할 것이다, 라는 시각은 적어도 일본과 우리의 상황이 달라서 적용할 수 없다. 한국 역시 고령화 사회에 접어들고 있다. 그런데 우리나라뿐 아니라 전 세계 고령화 사회에 접어든 나라가 많다. 비단 한국만의 문제는 아니다. 이런 식의 일반론이 적용된다면 미국, 특히 북유럽 복지 국가들의 부동산 가격은 하락해야 한다. 그러나 결과적으로 보면 그렇지 않았다. 오히려 북유럽 노르웨이가 소비 진작을 위해 이자율을 0% 수준으로 낮추자 부동산 가격은 올랐다. 젊은 세대의 생산과 소비의 활력이 경제 성장에 영향을 주는 것은 사실이며, 이것이 부동산 경기에 영향을 주는 것은 부정할 수 없다. 그러나 고령화 요인 하나만으로 부동산 경기의 쇠퇴를 예상하기에는 역부족이다. 일본의 사례를 우리는 이미 봤기 때문에 그에 대한 대비책을 세울 수 있다. 노동력 부분에서는 현재 다문화 사회를 정부 주도로 분위기를 이끌어가는 만큼 새로운 노동력이 새로 유입되고 있다. 적어도 신 유입 인구가 살 거주지는 필요하지 않나? 일본의 사례를 다시 살펴보면 일본은 경제 호황 시 좋은 분위기로 기대감에 너무 젖어 부동산 가격이 급격하게 올랐다.

그러나 우리는 상황이 다르다. 한강의 기적이라 불리지만, 일본처럼 패전 국가에서 제2 경제 대국이 될 만큼 급격한 발전을 경험한 것은 아니다. IMF 위기를 겪기 전 경제 성장과 함께 부동산 가격이 급하게 오른 것은 맞다. 그러나 그 수준이 일본의 급격함에 비할 바는 아니었다. 세계 물가 수준으로 보면 우리나라, 특히 서울의 물가는 10위권 안쪽에 있다. 그러나 부동산 가격이 전 세계 10위권 안에 든다는 사실을 들어본 적이 있는가? 필자가 생각하기에는 없다. 세계적인 기준에서 보았을 때 증권 시장도 그렇지만 부동산 시장도 그렇게 가격이 비싸지는 않다. 언제나 저평가되었다고 하고 성장 잠재력이 있다는 말만 들었다. 부동산 가격이 오르면 들리는 과열론이 솔솔 나온다. 그것은 경고적인 의미에서 받아들이면 된다. 특히 근시안적 시각으로 단기 차익만을 노리겠다는 분들은 특히 그 경고 시그널을 받아들여야 한다. 그러나 일확천금을 노리는 사람치고 잘 되는 사람을 보지 못했다. 항상 귀를 열고 묵묵히 바라보고 있다가 판단이 들었을 때 과감한 행동을 하는 사람들이 투자에 성공했다. 고수들은 경고적 의미의 과열론을 듣는다. 그러나 그 자체를 언제나 맹신하지는 않는다. 큰 흐름을 생각하며 하나의 현상으로 일단 들어두는 것이다.

주택 보급률 100%의 의미에 대해 깊이 생각해 볼 필요가 있다. 가구당 집의 수는 이미 1:1이라고 해도 해당 집의 수에는 노후 주택도 포함되어 있다. 재건축 이슈를 살펴보자. 낡은 집을 철거하고 더 효율적으로 새집을 지어 살겠다는 것이다. 삶의 질 향상 차원에서도 새집은 좋다. 새집이 지어지면 부가가치 효과로 가격이 기존 주택보다 높다. 집이 노후화가 진행되면 모든 물건이 그렇듯 물건 자체의 감가상각이 있다. 물론 부동산은 입지가 중요하여 노후화된 주택이라도 입지가 좋으면 높은 가치를 지녀 그것이 가격에 반영된다. 그렇지만 좋은 입지의 재건축은 그 값을 하고, 상대적으로 입지가 안 좋은 곳도 살기 좋은 새집이 지어지면 그 새집의 가치로 가격은 높게 받을 수 있다. 그런데 재건축할 때 참여하는 시공사는 항상 사업성을 따질 수밖에 없다. 기존 주택 조합원들에게 집을 주고 남는 집들, 즉 일반 분양분이 많이 나와야 수익성을 살릴 수 있다. 그 말은 즉, 주택 수로만 보면 기존 주택이 철거되어도 세대수는 더 늘어난다는 것, 주택 공급량이 많아진다는 것이다. 둘째, 주택 보급률이 높다고 해서 가구당 집을 한 채씩 소유하고 있는 것은 아니라는 점이다. 어떤 사람은 다주택자다. 몸이 한 개인데 두 집 살림, 세 집 살림하진 않는다. 자신이 거주하는 주택 외 나머지 주택들은 세를 놓는다. 즉, 전세, 월세 주택 공급이 나오는 것이다. 여기서 매매 가격과 전월세 가격을 짚고 넘어가 보자. 일반적으로 매매 가격이 오르면 전월세 가격 또한 오른다. 순서의 반대로 전월세 가격이 오르면 차라리 이 가격이면 대출을 더 받아서 집을 사는 것이 낫지, 그 비용 차라리 이사 비용과 복비, 앞으로 들어갈 것도 미리 아낀다는 심정으로 집을 사기에 매매 가격 또한 오른다. 매매와 전월세의 가격은 같이 가는 것이 일반적이다. 둘 다 거주 수요라는 측면에서 보았을 때 가격은 시장 상황에 따라가는 것이다. 사업을 위한 상가 및 오피스 가격도 비슷하다고 본다. 경기가 활성화되면 집값이 오르듯 상가 월세 또한 오른다. 월세를 많이 받을 수 있는 상가는 그만큼이 매매 가격에 반영된다. 다만, 상가 매매 가격이 높다고 해서 월세를 많이 받는 것은 아니다. 그러나 월세를 많이 받을 수 있으면 매도 호가는 높아질 수 있다는 점은 확실하다. 다시 돌아가서 주택 보급률과 관계없이 모든 가구가 집을 소유하고 있는 것은 아니다. 그리고 시장 수요에 따라 충분한 공급, 즉 충분한 수의 집이 이미 지어졌지만, 어떤 이는 상황에 따라 필요에 따라 전월세를 살기도 하고 어떤 이는 자가 주택에 거주하는 것일 뿐이다. 집에 대한 새집에 대한 수요는 계속될 것이다. 핵가족화를 넘어 1인 가구 시대가 도래하면서 그 수요에 맞는 작은 평수의 주택, 주거형 오피스텔이 많이 지어지는 것도 그 수요에 따른 새로운 공급이 생기고 있다. 현재 상황에 맞춘다면 오피스텔은 아니더라도 작은 평수 아파트 정도에 투자하는 것은 좋다. 다운사이징, 적절한 관리비 등을 부담하며 거주할 수 있는 새 아파트, 혹은 훌륭한 입지의 작은 아파트는 충분히 투자할 가치가 있다. 사람은 욕심이 있고, 경제적 여력이 충분하다면 그럴 수 있기에 대형 평수의 아파트 수요는 다시 살아날 것이다. 이 이야기는 추후 다시 하고자 한다.

공시지가에 대해 잘 아실 것이다. 공시지가는 호가도 아니고 시세도 아니다. 쉽게 말하면, 땅에 대해 정부에서 공시하는 가격이다. 건물의 경우 감가상각이 있기 때문에 기준시가를 사용한다. 다시 공시지가로 돌아와서, 흔히 과열 지역의 경우 시세는 공시지가 대비 두 배 이상이다. 그리고 낙후 지역, 사람들의 관심을 벗어난 지역은 공시지가와 가격이 비슷하거나 간발의 차로 비싼 경우도 있다. 그런데 일반적으로 보면, 어찌 되었든 공시지가는 대부분 토지의 경우 계속 오른다.

실물 자산의 가격은 꾸준히 오른다. 그리고 흔히 말하는 생활 물가의 증감과 관계없이 공시지가는 오른다. 필자가 생각하는 공시지가의 꾸준한 증가의 이유가 있다. 정치권에서 제기되어온 증세 문제를 생각해보자. 사회 발전에 따라 복지 수요는 꾸준히 늘고 있다. 그럼 그에 비례하여 재원을 마련해야 한다. 세금에는 국세와 지방세가 있는데, 우리나라 자산의 대부분이 부동산에 집중된 점을 고려하면 응당 세금 재원은 결국 부동산으로 나올 수밖에 없다. 부동산 거래를 활성화시켜 취등록세를 걷어 지방세 수입을 늘린다는 것은 차치하고, 기본적으로 공시지가가 오르면 그에 비례해 보유세는 오를 수밖에 없다. 그리고 종합 부동산 과세 대상이 되면 그에 따른 세금도 내야 한다. 즉, 과세 대상 재산인 부동산, 그리고 해당 세금을 매기는 기준인 공시지가가 오르면, 나라 세수는 자연히 많이 확보된다. 공시지가는 시가와 일치하지 않는다. 그러나 공시지가가 오르면 그에 따라 시세도 오르는 일종의 상관관계가 있다. 그럼 국가 경제가 폭망하여 감세의 차원에서 공시지가를 내리지 않는 이상, 앞으로도 공시지가는 꾸준히 오를 것이다. 그에 따라 부동산 시세도 오른다.

결론적으로 다시 강조하지만, 부동산 거품론 내지 폭락론에 대해서 필자는 회의적이다. 단기적인 것은 차치하고 적어도 중장기적으로 생각하면 부동산 가격은 상승할 것이다. 이것은 우리나라 경제가 저성장이라도 지금처럼 꾸준히 발전하는 것을 전제로 한다. 필자가 틀릴 수 있다. 그러나 그것은 IMF에 맞먹는 경제 위기나 전시, 지정학적 리스크가 최고조에 달하지 않는 이상 기존 과열에 대한 가격 붕괴가 나타나지는 않을 것이다.

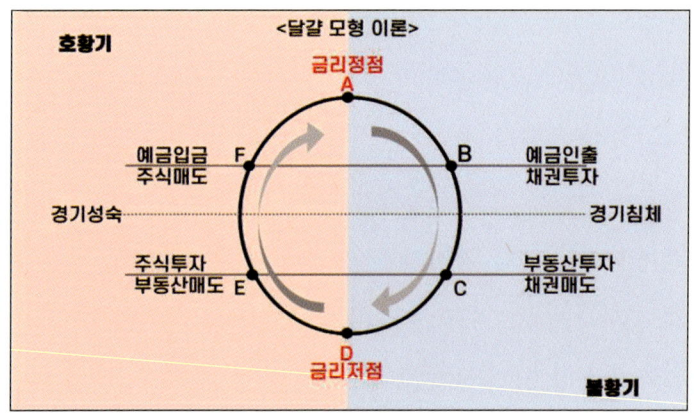

출처: https://blog.naver.com/gatsby1808/222995037860

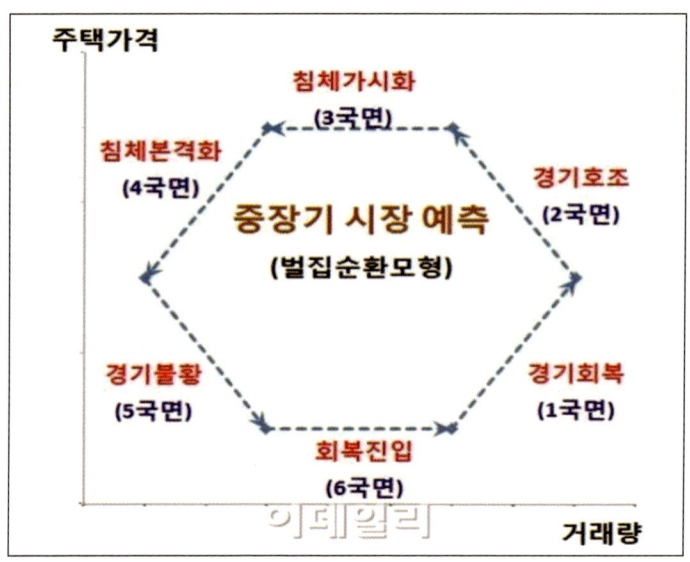

출처 : 이데일리 신문

2. 부동산에서의 수요와 공급의 법칙

기존 패러다임으로 설명하면 결국 가격은 수요와 공급에 따라 정해진다. 파는 사람이 있으면 사주는 상대방이 존재한다. 상대적 협의 속에 가격은 정해지고, 거래 건수가 많아지면 시세가 된다. 찾는 이가 많은데 파는 이가 적으면 호가는 올라갈 수밖에 없다. 찾는 이는 적은데 팔기 위해 내놓는 이가 많으면 가격은 당연히 지속하여 다운될 것이다. 부동산 투자를 할 때는 이렇게 생각하여 적용하면 된다. 내가 투자하고자 하는 부동산이 많은 이들이 알고 있고, 원하는 부동산인가? 목적이 거주이든 사업이든 많은 사람이 원하는 곳인가? 이것을 스스로 물어보면 된다. 그리고 투자 대상과 유사한 곳이 많은가? 그것이 평수가 될 수도 있고 역세권 등 위치가 될 수도 있다. 가치적 크기를 보고 비슷한 가치의 물건 수가 많은가? 이것을 파악하면 된다. 이렇게 수요와 공급 측면을 생각하여 투자하면 스스로 논리적 위안이 될 것이고 일단 투자 후 자신에게 안정감을 준다. 그리고 결국 투자에 성공을 이룰 것이다.

3. 살 것인가?
(거주 vs. 투자)

우스갯소리로 부동산을 살 것인지(live), 사야 하는지(buy)를 말한다. 정답은 스스로 내려야 한다. 어떤 이는 부동산을 집의 의미로 한정하면 부동산은 나와 내 가족이 살아야 할 보금자리가 된다. 자신과 자기 가족이 살고 있는 집으로 보면 그것이 결국 투자가 될 수 있다. 자기 직장과 가까워 편안한 라이프를 꿈꿀 수도 있고 자기 가족이 주말에 편안한 환경을 줄 수도 있다. 또한 자기 자녀가 좀 더 나은 학군에서 살게 할 수도 있다. 그것은 결국 의도하지 않아도 자연히 투자가 된다. 전에 말했듯 사람들은 모두 비슷하다. 높은 수요가 있는 입지의 부동산, 그것은 자연히 높은 가치를 지닌다. 그런데 만약 부동산을 사야 하는 것으로 인식한다면 자칫 위험한 결과에 빠질 수 있다. 투자를 의도했다면 그것은 객관적으로 미래 가격 상승의 가치에서 봐야 한다. 가격이 오르고 있으니 나도 당장 빚을 내서라도 사야 할 것 같아 쫓기는 심정으로 부동산에 투자한다면 그 결과는 장담할 수 없다. 가격이 조금만 떨어지면 불안할 수 있다. 부동산은 쉽게 팔고 살 수 있는 상품이 아니다. 가격 자체도 비싸고 내가 팔고 싶어도 사줄 사람이 나타나지 않으면 매매는 이루어지지 않는다. 반대로 내가 사고 싶어도 팔고 싶은 사람이 없으면 역시 매매는 이루어지지 않는다. 그래서 더 불안할 수밖에 없다. 그래서 정말 최악의 경우 자신의 심리적 하한선보다 더 나쁜 경우를 맞이할 수도 있다. 정리하면, 부동산은 사야 하는 것은 아니다. 일부러 서두에 산다는 것(buy)을 사야 하는 것일까, 라고 썼다. 부동산은 절대 사야 하는 것은 아니다.

하나의 선택일 뿐이다. 투자의 수단인 것은 맞다. 그러나 쫓겨서 남들 따라 탄다고 막차를 타는 과오를 범해서는 안 된다. 여기서는 집의 문제로만 한정시켰다. 그 이유는 부동산의 기본은 거주지이기 때문이다. 집 없이 상가에 토지에 투자하는 것은 추천하지 않는다. 타 부동산 상품에 투자하고 집은 전세나 월세로 살면서 이익을 얻는 것은 쉽지도 않다. 거주 먼저다. 반드시 그래야 한다. 자신을 먼저 안정시키고 안정된 마음으로 그다음에 해야 한다.

4. 망해도 땅은 남는다?

　예전 예능 프로그램에 한 배우가 나와 재밌는 이야기를 했다. 할아버지가 땅에 투자하라고 해서 본인도 제일 좋은 재테크 수단은 당연히 땅인 줄로 믿고 살아왔다는 이야기이다. 자신이 죽거나 혹은 전쟁이 나서 폐허가 되어도 땅은 남는다는 이유로 땅이 제일이라는 것이다. 단순히 모든 것이 망해도 땅은 남는다는 명제에 대해 생각해 볼 여지가 있다. 논지를 넓혀 땅이라면 어디에 있든 투자하면 된다는 명제는 어떠한가? 앞서 부동산은 입지가 중요하다는 말을 누누이 강조했다. 이를 생각하면 입지가 좋지 않은 곳의 땅이면 무용지물이라는 것을 쉽게 생각하실 수 있다. 마찬가지다. 망해도 땅은 남으니, 땅에 투자하라? 부동산은 실물 투자 대상이다. 다른 실물 자산을 살펴보면, 금, 외환 통화 등 다양한 유형을 생각해 볼 수 있다. 무엇이 미래에 더 비싼 값, 혹은 제값을 받고 팔 수 있을까? 평소 생각해 보지 않았다면 모른다고 하는 것이 맞다. 땅 혹은 부동산도 마찬가지이다. 미리 준비되어 있어야 투자한 대상에 대한 미래를 생각할 수 있다. 그러니 무조건 땅이 제일이다, 땅 투자가 최고라고 단순히 말할 수는 없다. 자신이 믿고 생각한 바가 있다면 그것을 기다리는 재미가 있다. 그런데 그런 재미없이 땅을 산다면 그것은 시작부터 실패할 가능성이 높다.

5. 사서 남기고 모으는 것이다!
(부자의 원칙)

국내 굴지의 대기업 창업주 겸 명예 회장의 경영권을 이어받은 2세가 일부 계열사를 상장한다고 했을 때 이렇게 말했다. '왜 회사를 남에게 파느냐, 말도 안 되는 일을 벌이려 하느냐.'라고 했다. 두 가지 측면을 생각해 볼 수 있다.

첫째, 증권 공모(IPO)는 현대 자본주의에서 주식회사의 원리를 생각했을 때 일부 지분을 팔아 회사의 운영자금을 확보하고 남은 지분에 대해서도 회사의 가치가 커지면 그 증권 가격도 오를 것이니, 여러모로 좋은 이점이 될 수 있다.

둘째, 예전 돈을 버는 전통적 부자의 마인드를 생각해 볼 필요가 있다. 장사가 잘되고 있으면 굳이 지분을 넘길 필요가 없다. 무리해서 사업을 하여 타인자본을 끌어들이느니 자신의 힘으로 천천히 발전시키겠다는 의지이다. 부동산 투자를 생각해 볼 때 우리는 두 번째 생각의 가능성에 주목할 필요가 있다. 증권 투자의 입지전적 인물 템플턴도 주식 투자를 할 때 주식은 사서 모으는 것이라 했다. 즉, 한 번 산 주식은 절대 팔지 않을 각오로 계속 사 모으라고 했다. 그렇게 오랜 시간이 지나면 엄청난 부를 가지게 될 것이라고 했다. 부동산도 충분히 적용할 수 있다. 대부분 부자는 무엇이든 사서, 그것을 남기고, 모아서 부를 유지함은 물론 그 세를 불려 나간다. 불필요한 소비도 하지 않는다. 수학적으로 봐도 수는 쌓이는데 나가는 마이너스가 적다면 시간이 지남에 따라 그 수의 적체가 많아지지 않을까? 더군다나 투자 대상 물건의 가격이 오른다면 부의 평가는 더 커지지 않을까? 인생이 시간 싸움이라 생각하고 조급해하지 않으면서 사서 모은다고 하면 시간이 많이 지나면 막대한 부의 평가를 받으리라 확신한다.

기억하라! 사서 남기고 모으는 것이 부자의 법칙이며 이것은 부동산 투자에도 적용된다. 빚을 아예 내지 않고 있는 것으로만 어떻게든 하나라도 사서 시작하는 것에는 다소 적용하기 무리라고 생각하지만, 적어도 자신의 감당할 수 있는 범위 안에서 빚을 써, 사서 시작하고 그것을 점점 모아나가면 부자가 되지 않을까 싶다. 앞서 말씀드린 대로 갭투자 방식대로 할 수 있는 한도에서 여러 채의 부동산을 구입하는 것은 리스크가 매우 크다. 하이 리스크, 하이 리턴이라고 위험성이 큰 만큼 성공의 크기는 엄청날 수도 있다. 그러나 확률로 생각하면 성공률은 매우 낮다. 과욕은 위험하다. 균형을 잘 잡아야 한다. 과욕을 부리고 한쪽에만 치우치면 그 길이 잘못된 길이면 재기가 전혀 불가능할 수도 있다.

6. 수요와 공급, 그리고 유동성

앞서 부동산도 마찬가지로 수요와 공급에 따라 가격이 결정된다고 했다. 그런데 여기서 부동산 가격에 있어 중요한 요인 하나를 더 이야기하고자 한다. 그것은 바로 유동성이다. 즉, 시중에 풀린 돈의 양이 얼마나 많은가가 된다. 경제학적으로 유동성이 풍부하면 물가는 오른다. 물가가 오른다는 것은 실물 자산 중 하나인 부동산 가격도 오른다는 것을 뜻한다. 특히 우리나라의 경우 부동산 투자 비중이 높다. 그래서 풍부한 유동성은 부동산 가격의 상승을 더 불러올 수 있다. 다른 나라의 경우를 살펴보자. 유럽의 경우 마이너스 금리라는 초유동성 장세에서 부동산 가격의 상승을 불러왔다고 한다. 아마 우리나라의 경우 그 진폭은 나중에 결과를 살펴보면 더 심할 수도 있다. 주식 시장에도 유동성 장세라는 말이 있다. 흔히 시중에 돈이 많이 돌아 주식 가격의 상승을 불러온다는 것이다. 시중에 돈은 많은데 투자처가 흔한 것이 주식 시장이 아닌가? 유동성 장세에서는 주식 거래가 활발하여 특히 증권사들의 주식 가격이 상승하곤 한다. 그런데 그것도 일시적 거품일 뿐 해당 증권사 자체의 기본기(펀더멘털)가 탄탄하지 않으면 가격은 조그만 악재에도 다시 하락할 것이다. 대한민국은 주식보다 아직은 부동산이다. 시중 유동성이 풍부하면 그것은 먼저 부동산 가격의 상승을 불러온다. 이는 비단 집값 상승만을 의미하지 않는다. 당장 상가 임대인들이 월세 상승을 요청할 수도 있다. 그리고 돈의 양이 많으면 투자 대상지로 더 높은 돈이 흘러 들어갈 수밖에 없다. 평소 생각하지 않던 것이라도 일단 주머니에 돈이 있으면 견물생심이라 한 번 보고 여유 자금으로 투자 가능성이 커진다. 유동성은 그만큼 중요하다.

신문 기사(이데일리 2017.8.7. 한국은행의 고민…부동산發 금리 인상론 따져보니)에 따르면, 한국은행은 시중 금리 상승에 있어 부동산 가격 잡기는 고려 대상이 아니라고 했다. 한국은행은 정석대로 시중 금리 인상, 하락 결정 여부는 대외 변동성 등을 고려하여 국가 경제 발전의 큰 틀에서 결정하겠다는 것이다. 단순히 부동산 문제 때문에 시중 금리 결정을 하겠다는 것이 아니다. 그런데 시중금리가 만약 상승하면 어떻게 될까? 일단 시중 유동성은 줄어든다는 뜻이다. 그럼, 부동산 가격은 실물 자산이니 하락할 요인이 된다. 거기다 부동산 문제에 있어 더 심각한 점이 있다. 기존 부동산 담보 대출자들에게 문제가 생길 것이다. 은행은 수익성 때문에 예금 금리 대비 대출 금리를 올린다. 대외적으로 시중 금리 상승 가능성 때문에 선제적으로 대응했다고 한다. 그러나 어찌 되었든 이것이 충격 완화가 될 수도 있을 듯하다. 시중 금리가 상승하면 은행은 대출 금리를 더 올릴 수도 있다. 그러면 부동산 담보 대출자 중 이자를 감당하지 못하면 부동산을 뺏길 것이다. 그러면 부동산 가격은 자연히 하락한다. 이런 점 때문에 유동성에 영향을 끼치는 금리를 사람들은 주목할 수밖에 없다.

B
장기적 시선으로 보면 부동산 가격은 오를 수밖에 없다!

1. 부동산 경기 사이클
- 우리나라의 큰 하락기는 단 두 번
2. 결국, 가격은 오른다! (물가 상승률 돈의 가치와 실물 자산의 가격 상승)
3. 좋은 것을 산다

사람들로부터 가장 많은 질문을 받는 것 중 하나는 바로 지금 시점에 부동산을 살까요, 혹은 말까요, 라는 질문이다. 그런데 질문부터가 잘못되었다. 부동산을 사는 것이 어떤 목적인지 특정이 되지 않았기 때문이다. 그런데 판단건대, 대부분 사람은 실수요든, 투자수요든 부동산 가격이 미래에 오를 것인가, 라는 점에 초점을 맞추어 묻는다. 단순히 과거 역사적으로 보면 부동산 가격은 우상향 곡선을 그려왔다. 이는 주식 시장도 마찬가지이다. 세계 경제 위기 같은 정말 예외적 손실 부분이 있으면 부동산이나 주식 시장도 반토막 이상의 하락이 있었다. 쉽게 예를 들자면, 석유 파동이나 아시아 외환 위기가 –우리나라의 경우 흔히 IMF라고 알려진– 있었을 때 자산 투자 시장은 폭락을 맞았다. 그런데 길게 보면 경제가 성장해 왔듯 부동산이나 주식 지수는 계속 올랐다. 결론적으로 자신이 살 집에 대해서는 사도 된다. 1년 혹은 2년 살 것을 생각하고 집에 산다고 하지 않는다. 적어도 5년 길게는 10년 이상을 내다보고 산다. 그렇게 마음을 편히 가지면 분명 부동산 가격은 오른다. 당연한 이야기지만, 상대적으로 큰 폭으로 오르는 지역은 있고, 더 적게 오르는 지역도 있다. 그것은 한마디로 입지 차이에 따른 것이다. 그러나 일반적으로 보았을 때 부동산은 어느 때나 자신이 살 목적이라면 사도 된다. 마음을 편하게 그리고 길게 보는 마인드를 가지고 있다면 그렇다.

1. 부동산 경기 사이클
- 우리나라의 큰 하락기는 단 두 번

역사는 그 시대를 충분히 살아온 기성세대에게 먼저 물어보는 것이 맞다고 생각한다. 이미 어떠한 흐름을 가지고 현재 상황, 결과를 만들어냈는지 알고 있기 때문이다. 현재에 대해 새로운 시각으로 해석을 하는 것은 젊은 세대의 몫이다. 그러나 결국 패러다임의 전환이 오기 전에는 기존 사고방식으로 해석해도 충분하다.

필자의 작은 삼촌께 예전에 경제 흐름에 관해 물어보았던 적이 있다. 삼촌께서는 말씀하셨다. 살아오며 기억나는 위기는 두 번이 있었다고 했다. 한 번은 박 대통령의 서거 후 대한민국에 엄청난 위기가 왔다고 한다. 그때 대부분의 국민이 다시 한국전쟁에 직면하게 될 거라는 불안감에 휩싸였다고 한다. 자연히 경제는 얼어붙었고 사업을 하고 계신 필자의 할아버지께서도 힘들었다 한다. 그리고 두 번째 위기는 IMF 때였다고 한다. 많은 이들이 알고 있듯 IMF는 수출 중심 가공 무역 국가인 우리나라에 많은 변화를 불러왔다. 하루아침에 치솟은 환율 때문에 수입업체는 다 도산했고, 그렇다고 수출업체도 확보하지 못한 외환 때문에 힘들었다 한다. 그리고 보통 직장인들에게 있었던 평생직장의 개념이 사라졌다. 다니던 회사가 문을 닫고 재취업을 준비하거나 강제 창업에 내몰리던 시절을 생각에 많은 기성세대는 그 시절의 고난을 평생 잊지 못할 것이다. 특히 IMF는 사람들에게 아무도 자신과 가족을 책임져 주지 못한다는 것을 깨닫게 했다. 그 이후 많은 사람의 생각도 바뀌게 되었다. 단순히 저축을 많이 하고 집을 사는 개념에서 벗어나 살아남기 위한 다양한 투자를 생각하지 않을 수 없게 했을 것이다. IMF 이후 우리나라는 다시 일어났다. 속칭 강남 부동산 신화가 일어났고 부동산값은 치솟았다.

해뜨기 전이 가장 어둡다는 말이 있다. 위기 극복 이후 다시 경제가 살아났고 실물 자산인 부동산 가격도 올랐다. 그리고 노무현 정부 때 부동산 시장 과열로 강력한 규제책을 내놓았지만 실패했고, 부동산 가격은 더 올랐다. 그리고 지난 이명박 정부와 박근혜 정부에서는 경제를 살리기 위한 대책으로 완화책을 내놓았다. 활황기와 침체기가 계속 있었지만, 현재 결론적으로 보면 부동산 가격 자체는 올랐다. 이 흐름을 보아야 한다.

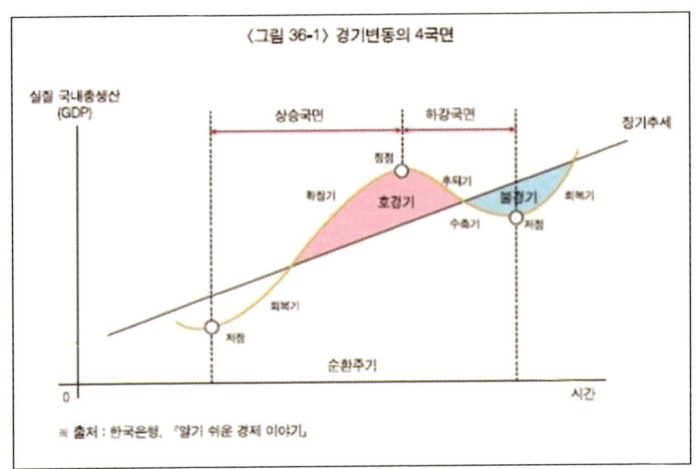

부동산 경기 사이클, 출처 : 한국은행

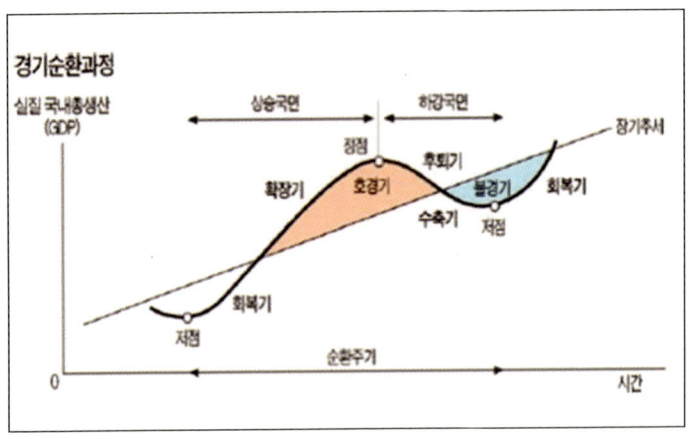

경기 순환 과정
출처 : https://blog.naver.com/wei-jung/222709418143

2. 결국, 가격은 오른다!
(물가 상승률 돈의 가치와 실물 자산의 가격 상승)

전국 아파트 가격이 최고점을 찍는 시점에서 나는 속으로 무릎을 쳤다.

'그래! 예전에 삼겹살 가격이 팔천 원부터 시작해서 만 오천 원이 될 때까지를 잘 생각해 보면, 실제 생활 물가가 오른 만큼 아파트 가격, 즉 주거비 가격도 올랐다! 시중에 돈이 많이 풀리는 만큼 물가가 오르는구나!'

결국, 자기 삶 속에서 특히 생활 물가가 오르는 것을 느낀다면 그때가 아파트값이 오르는 타이밍이라고 볼 수도 있겠구나, 라고 생각했다. 왜 삼겹살 이야기를 여러분께 드릴까?

잘 생각해 보면, 고깃집마다 차이는 있겠지만, 국산 돼지고기, 즉 한 돈 기준으로, 더 정확히 일반 소매 음식점 기준으로 볼 때 삼겹살값은 잘 떨어지지 않는다. 아파트에도 마찬가지다. 둘 다 일종의 하방 경직성을 가지고 있다. 한 그릇에 만 오천 원 하는 삼겹살값이 다음날 육천 원이 되고 팔천 원이 되지 않는다. 기껏해야 경쟁 심리에 조금 차이가 있을 뿐, 절대 만 원 내지 만 이천 원 가격 아래로 떨어지지 않는다. 아파트값도 마찬가지 아닐까? 10억 하던 아파트가 하루아침에 4~5억으로 떨어지지 않는다. 급매로 나와 봤자 시세보다 천만 원 내지 이천만 원 낮게 나오고, 정말 급하면 오천만 원까지는 싸게 나온 물건도 있지, 절대 일정 범위를 떨어지지 않는다. 이는 앞으로도 유지될 것이다. 예전과 같이 깜깜이 시장이 아니다. 모두 실제 거래 가격이 공개되고 쉽게 그 정보를 찾아볼 수 있는 시대에 우리는 살고 있기 때문이다.

가치가 상승하는 것과 가격의 상승은 다르다. 가치의 상승이 가격 상승의 한 요인이 될 수 있다. 그러나 동등 개념은 절대 아니다. 가격은 가격 자체만 보아야 한다. 전에 개념을 밝혔듯 유동성이 풍부하면 물가는 오른다. 이는 부동산에도 마찬가지이다. 특히 우리나라의 경우 대다수 사람이 아직 주식에 몇억, 몇십억을 투자하기에는 불안해한다. 그 단위에 상관없이 자신의 자산 투자 구성 비율을 보면 주식이 부동산을 뛰어넘지 못한다. 즉, 주식같이 변동성이 심한 투자 대상에 많은 부분을 할당하지 않는다. 일간 신문 및 은행 리포트 통계에 따르면 심지어 부자들도 부동산에 가장 많이 투자하고 주식 투자 비중은 그보다 당연히 낮다. 대한민국에서 부동산만큼 안정적인 투자 수단도 없다. 그리고 예부터 우리나라는 위기를 겪고 그에 대한 경각심이 잘 갖추어져 있고, 적어도 살면서 몸 누울 집은 있어야 한다는 훌륭한 마인드가 깊게 각인되어 있다. 이런 복합적인 요인이 부동산 가격을 떠받치고 있다. 필자가 생각하는 결론은 이렇다. 부동산 가격은 결국 오른다.

실제 매수의 관점에서 접근하면 어떨까? 무조건 빨리 사야 할까? 그것은 아니다. 사긴 사야 하는 건 맞다. 단 두 가지 사실을 기억해야 한다.

첫째, 자신의 여력에 맞게 사야 한다. 처음부터 감당하지 못할 빚을 떠안고 사는 것은 결국 부동산 투기가 될 수 있다. 가격이 큰 폭으로 상승하면 큰 성공을 거둘 수 있겠으나, 가격이 상승하지 않으면 결국 빚으로 산 집은 남의 것이 될 가망성이 크다.

둘째, 부동산 가격에도 진폭이 있다. 그러면 살 때 미세한 타이밍을 재는 것도 필요하다. 예를 들어, 대선 기간에 신정부에 대한 기대감 등에 기대어 부동산 가격이 급등한다면, 그것을 따라가야 할까? 이는 자칫하면 막차를 타 발 디딜 틈 없는 꼭지에 서는 것이 될 수 있다. 과거 부동산 시장 과열을 판단한 정부가 가격 안정을 위해 강력한 규제책을 꺼낸 때를 생각해 보자. 이는 오히려 매수자로서는 기회가 될 수 있다. 정부의 의도를 잘 살피고 더불어 시장 움직임도 같이 주목해야 한다. 쉬운 문제는 아니다. 그러나 여유 있는 사람이 있으면 언제나 급한 사람도 있다. 이를 잘 판단하여 호가 대비 싼 가격에 부동산이 나오면 매수하면 된다.

3. 좋은 것을 산다

내가 특정 물건을 사고 싶다고 가정하자. 예를 들어, 중요한 자리에 나가야 하는데 정장 한 벌을 사야 한다. 그럼 어떻게 할까? 옷을 살 때 고려하는 점이 가격, 브랜드, 편의성, 스타일 등 다양한 요인이 있을 것이다. 그런데 내가 옷에 문외한이라면 어떨까? 전문가의 조언을 들어 사면 좋을 것 같지만, 자신의 상황에 100% 딱 들어맞는 경우는 손에 꼽는다. A 부분이 마음에 들면 B 부분이 마음에 안 들고 할 수 있다. 물건에 대해 잘 모르면 그냥 비싼 것을 사라는 말이 있다.

우스갯소리로 들릴 수 있겠지만 비싼 것은 결국 비싼 값을 한다는 말이 있다. 이것을 다시 생각하면 비싼 것은 좋은 것이라는 믿음 때문이다. 그런데 비싼 부분은 바가지의 염려도 있을 수 있다. 좋은 것을 사야 하는 것은 맞다. 그런데 많은 사람에게 널리 알려진 것이라면 좋은 것은 결국 그 값, 즉 비싼 가격에 판매된다. 특히 부동산도 그렇다. 유명한 대단지 아파트의 경우 가격이 상당하다. 자신의 상황이 된다면 결국 안 좋은 것을 여러 개 가지고 있느니, 좋은 거 하나 가지면 된다. 단순하게 생각하자. 어차피 제 기능을 하는 좋은 것 하나만 있으면 된다. 분산 투자의 성공 가능성을 이유로 반론을 제기하실 분도 계실 것이다. 그러나 복잡하게 생각하지 말자. 잘 알려진 좋은 것 하나가 분산 투자하여 쪼개놓은 것보다 반드시 결과가 더 좋을 것이다. 그리고 다시 강조컨대, 좋은 것 하나가 완전히 자기 것이 되면 '사 모은다는 심정'으로 다른 좋은 것 하나를 다시 매입하면 된다. 차근차근, 차곡차곡 부는 쌓아가야 한다.

C
부자들이 갖고 있는
마인드와 관심사

1. 부자 마인드와 관심사
- 작은 것 아끼고 자기 확신에 크게 베팅
2. 인맥 향상
- 정보 공유
3. 안 쓰는 것이 모으는 것

1. 부자 마인드와 관심사
- 작은 것 아끼고 자기 확신에 크게 배팅

부자는 어떻게 살까? 단순히 부자가 지닌 결과물에 환상을 가지지 말고, 어떤 생각을 하고 있는지를 파악하고 그것을 따라가는 것이 자신이 부자가 되는 길이다. 소비에 있어 어떤 이는 부자들은 모두 하나같이 자린고비라고 한다. 또 어떤 이는 부자는 가진 게 많아서 쓸 때도 시원하게 쓴다고 한다. 시원하게 써서 주위에 사람들이 많이 붙는다고도 한다. 필자가 본 부자는 그렇다. 앞서 말한 소비 성향에 대해서는 모두 맞는 말이다. 그런데 부자는 그런 것으로 정의될 수는 없다. 소비는 부자의 일종 성향이 발현된 것일 뿐이지 그 자체는 아니다. 부의 측면에 집중해 보면 대부분 부자는 지극히 효율적이다.

부를 쌓는 방법에 있어 효율적이라는 것이다. 자세히 말하자면, 필요 없는 것에 절대 돈을 쓰지 않는다. 그런데 필요한 것에는 확실하게 쓴다. 다시 말하자면 부자는 보통 사람들이 보기에 작은 것에 아끼고 자기가 확신하는 것에 크게 베팅한다. 어렸을 적 외조부께서 휴지를 달라고 했는데, 갑 티슈에서 두 장을 뽑아드렸다가 혼난 적이 있다. 한 장면 주면 되지 무슨 필요로 두 장이나 줬느냐며 말이다. 그리고 외조부께서는 한 장의 티슈를 다시 나누어 반장만 사용하셨다. 그때 필자는 충격을 받았다. 휴지를 사려면 당장에라도 몇십 개를 사실 수도 있을 텐데, 그런 검소한 모습이 존경스러웠다. 작은 것에 철저히 아끼셨다.

예전에 공중파 방송에서 현대 정주영 회장 살아생전에 집을 방문하여 성공의 비결에 대해 인터뷰를 진행한 것을 보았다. 그런데 그 대궐 같은 집에서 타일이 벗겨진 것을 보고 인터뷰어가 정 회장에게 물었다. 타일이 벗겨져 있던데 혹시 알고 있느냐는 것이다. 정 회장은 철저한 사람으로 알려져 있고 충분히 부자인데 그 넓은 집의 타일이 벗겨져 있는 것이 아마 이해가 되지 않았을 것이다. 그런데 정주영 회장은 대답했다.

"필요가 없잖아요. 그거 타일 수리하는 게 전혀 필요가 없잖아요."

반대로 자신이 필요한 것에는 때에 따라 비상식적으로 보일 만큼 과감하게 투자한다. 필요성을 느꼈다는 것은 결국 그만큼 많이 알아보고, 혹은 직관에 따라 그것이 생긴 것이다. 결국 자기 확신과 더불어 과감한 결단력을 부자들이 가지고 있고, 그것이 부자들을 만드는 것이다. 현재를 사는 사람들은 흔히 말한다. 왜 저걸 하는데 돈을 그렇게 많이 쓰지, 돈 자랑을 하는 게 도가 지나치다는 둥 말한다. 그러나 좋은 결과를 보게 되면 그것은 운이 좋았다고도 하고 통찰력의 결과라 찬양하기도 한다. 말은 쉽게 할 수 있다. 그러나 잘 판단해 보자. 생각만 하고 실행하지 않는 사람, 남 일에 평가만 하는 사람과 자기 생각대로 결단하여 크게 행동하는 사람 중 누가 더 부자에 가까운지 말이다.

2. 인맥 향상
– 정보 공유

흔히 투자에는 정보가 중요하다고 한다. 요즘은 인터넷이 발달하여 컴퓨터를 활용하면 다량의 '공개된 정보'로 접근이 가능하다. 오히려 너무 많은 정보의 홍수 속 판단에 혼란을 겪을 수 있는 정도이다. 그런데 부자들을 자세히 살펴보면 투자를 위한 정보를 얻기 위해 마냥 인터넷만 들여다보지 않는다. 그 투자 대상이 주식이든, 부동산이든 인터넷 서핑만 하루 종일 하지 않는다. 주식 시세를 5분마다 쳐다보며 괜한 걱정을 하지 않고, 부동산 중개 사무소로 틈나는 대로 전화해서 매물 여부를 묻지 않는다.

부자들은 차라리 각 분야 전문가를 만나거나 지인들을 만나 정보를 얻는다. 절세하기 위해 세무사 사무실을 정기적으로 들르고 좋은 매물이 없는지 관심 지역의 여러 부동산 공인 중개 사무소 등에 방문한다. 또한, 그 외 이미 자신만큼 부자가 된 사람들을 만나 가볍게 식사하며 근황을 이야기하는 와중에 자연스레 투자에 관한 정보를 공유한다. 철저하게 '자신을 통해 검증된' 인적 네트워크를 만들고 활용한다. 서로 윈윈하기 위한 목적으로 사람들을 만나 정보를 공유한다. 혹자는 자린고비형 부자들을 예로 들며 반론을 제기할 수도 있다.

"내가 본 부자에 의하면 돈 아깝다고 사람도 만나기 싫어하고 그냥 독불장군 자신만 생각하고 혼자서 살려고 한다."

그런 부자들도 분명히 있다. 그러나 그들도 필수품인 의식주, 인터넷을 이용한다.

사람 사는 것은 같다는 이야기이다. 그러면 어찌 다른 사람들과의 교류가 전혀 없을까? 그리고 그런 분들도 자신에게 필요하다고 하면 알게 모르게 사람들과의 관계를 만들고 유지하고 발전시킨다. 자신이 엄청나게 뛰어난 인간이 아닌 이상 혼자 모든 것을 하고 살지 않고 그렇게 산다는 것이 가능하지도 않다. 어찌 보면 자린고비처럼 보이는 부자들은 예민하고 그만큼 조심성이 큰 사람으로 보는 것이 옳다. 조심성이 많으면 급격한 대박은 못 쳐도 적어도 자기 것을 잘 지키며 점진적인 발전을 이루는 것을 볼 수 있다.

여기서 주목할 점이 있다. 부자들은 인적 네트워크를 통해 정보를 공유하되, 판단은 자신이 직접 내린다. 그리고 그 판단에는 현재 발전 진행형인 주관이 있다. 어찌 보면 인적 네트워크를 통해 얻게 된 정보는 자신의 판단과 실행에 참고 사항이 되는 것일 뿐, 맹목적으로 타인의 의견을 따르는 것은 아니다. 정보는 소중하다. 그런데 그 정보를 어떻게 자신이 활용하는가가 더 중요하다. 후자가 이루어지지 않으면 투자 성공은 절대 이루어질 수 없다.

3. 안 쓰는 것이 모으는 것

종잣돈 만들기는 중요하다. 결국, 돈이 수중에서 나가고 들어오는 것이 어느 정도 정해져 있다면 나가는 것은 줄이고 들어오는 것은 늘리는 게 변함없는 진리이다. 수입이 절대적으로 늘어나지 않고 일정한 이상 지출을 줄일 수밖에 없다. 당연한 이야기지만 실행에 많은 이들이 어려움을 겪는다. 그래도 의식적으로 지출 관리에 힘써야 한다. 안 써야 모으는 것이다! 예를 들어, 시작하는 사회 직장인의 경우를 살펴보자. 결혼이 이르면 결혼 준비를 해야 하고 결혼 후 출산, 육아에 비용이 들어간다. 단순히 자가용을 예로 들어보겠다. 직장 생활 중 연애를 목적으로 아니면 결혼 후 차를 사는 경우가 많다. 차 구매에 목돈이 들어가는데, 결제 수단을 리스로 한다면 그것은 당장 편의를 위해 미래의 더한 비용을 지출하는 꼴이다. 그리고 차를 현금 일시불 결제를 했다면 투자를 위한 종잣돈을 마련에 큰돈이 미리 빠져나가는 것이다. 차가 꼭 필요한 경우 어느 수단이든 구입했다고 하자. 자동차는 유지관리비가 들어간다. 당장에 운행 거리에 따라 기름값을 부담해야 하며, 보험료가 일단 들어간다. 정기적인 비용 지출이 일어나는 것이다. 그뿐만 아니라 자동차세도 정기적으로 납부해야 한다. 구입에 이미 목돈이 계산되어 들어갔는데, 이후 보유에 따른 정기적인 비용이 추가로 들어간다. 그런데 당장 눈에 보이지 않아 많은 이들이, 특히 첫차 구입에 이와 같은 미래 비용을 간과하는 경우가 많다. 그리고 자동차는 소모품이라 감가상각이 있다. 쉽게 말해 살 때는 비싼 돈을 주고 사지만, 팔 때는 사용에 따라 싼값에 팔 수밖에 없다. 필자는 당장의 편의를 위해 미래 들어가게 될 보이지 않는 비용을 강조하고 싶어 자가용을 예로 들었다.

아예 안 쓰고 살 수는 없다. 그러나 기본 종잣돈은 있어야 투자를 시작할 수 있다. 그러려면 결국 자신의 상황부터 객관적으로 파악해 볼 필요가 있다. 예는 자동차로 들었지만, 개인적 상황에 따라 차는 꼭 구입해야 할 수도 있다. 응용을 해보면 자신에게 굳이 불필요한 비용 지출은 삼가야 한다. 그것이 명품 구입이 될 수도 있고 기타 과시를 위한 다른 소비가 될 수도 있다. 줄일 수 있는 부분은 과감히 줄여야 한다. 그래야 시작이 빠르다. 시도가 빨라야 성공에 빨리 다다를 가능성이 높다.

D
생각보다 강력한
돈의 힘

1. 갑자기 많아지면 그 효과를 본다 긍정적인 것도 있지만, 단점도 많다
2. 채무의 역설 (대출의 목적, 채무의 역습, 세금 체납 문제)

1. 갑자기 많아지면 그 효과를 본다
긍정적인 것도 있지만, 단점도 많다

돈의 힘은 생각보다 세다. 모두가 돈이 많았으면 한다고 말한다. 돈이 많아야 하는 이유는 다양할 수 있다. 사견으로 돈의 필요한 이유는 자신의 시간을 살 수 있기 때문이다. 여행을 갈 수도 있고, 자녀에게 선물을 사주러 같이 백화점에 갈 수도 있다.

그리고 조용히 쉬고 싶을 때 쉴 수도 있다. 마음을 편하게 먹으면 돈이 없더라도 어느 정도 갖고 싶은 것을 가질 수도, 하고 싶은 일을 할 수도 있다. 그러나 모두 예상하듯 돈이 없으면 미래의 걱정과 불안을 떨쳐버릴 수는 없을 것이다. 그래서 필요한 돈을 모으고 그 부를 늘리기 위해 사람들이 투자도 한다. 그런데 갑자기 돈이 많아지면 그 효과를 본다. 돈은 그 양에 비례해 힘이 있기 때문이다. 여기서 말하는 힘은 할 수 있는 것을 용이하게 하는 힘을 단순히 말하는 것이 아니다. 일종의 돈과 함께 따라오는 부정적 힘도 얻게 된다. 로또 1등에 당첨되어 하루아침에 큰돈을 얻게 된 사람치고 잘 된 사람들이 없다고 한다. 대부분 그 돈을 다 소비하고 그 전보다 수중에 돈이 없고 나락으로 빠진 사람들이 많다. 이는 돈의 힘을 몰랐거나, 그 힘을 막상 감당할 수 있는 능력이 없었기 때문이다. 돈이 많아지니 주위의 관심과 많은 이들의 방문이 늘어나는 등 돈이 끼치는 영향이 늘어난다. 자기 자신을 잘 붙잡지 못하면 돈에 휘둘린다. 돈의 긍정적인 힘만을 바라보고 그저 하루 멀다 하고 과소비를 하면 자신에게 있던 돈은 금방 날아간다. 준비되어 있어야 한다. 높은 곳에 올라가고 싶다고 열 계단을 한 번에 뛰어 올라갈 수 없다. 올라간다 해도 큰 대가를 치러야 할 것이다. 그래서 한 계단, 한 계단 차곡차곡 다지며 단계적으로 올라가야 한다. 그 속도가 개인마다 차이가 있다. 단순히 상대적으로 남보다 느리다고 조급해야 할 필요가 없다. 어차피 차분히 올라가면 언젠가 위에 올라설 수 있다. 천천히 올라가며 준비해야 나중에 큰돈이 모여도 그 힘을 감당해 낼 수 있다. 그 힘을 지켜야 비로소 부자가 된다. 돈의 힘을 잘 알고 있어야 한다. 힘은 그 힘을 감당할 수 있는 이에게 주어진다. 그 능력을 계속 키워야 한다.

2. 채무의 역설
(대출의 목적, 채무의 역습, 세금 체납 문제)

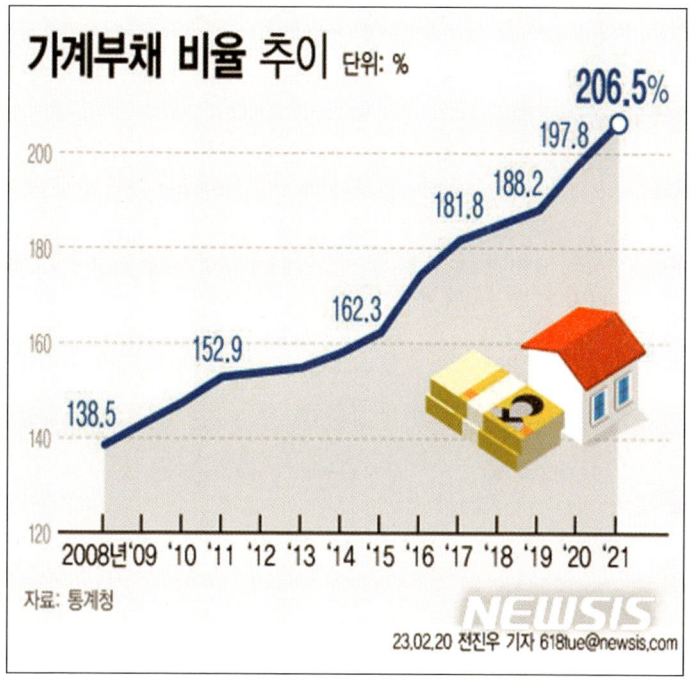

출처 : 뉴시스 2023.02.20.

자신이 채무를 진다는 것은 그 돈의 이자를 감당해 내면서 더 큰 부가가치를 창출해 낼 수 있다는 레버리지 개념을 전제로 한다. 그러나 그 지렛대(레버리지)가 부서진다면, 그 즉시 사고를 당한다. 일단 계약 조건에 따라 채권자들로부터 자기 재산에 압류, 가압류, 가처분 등 채권보전조치를 당할 것이다. 위기를 미리 감지하여 그 돈을 현금화하고 그것을 빼돌리는 비도덕적인 문제는 이야기하지 않겠다. 여기서는 채무의 위험성에 대해 집중 기술하고자 한다. 안 좋은 일은 한꺼번에 온다는 말이 있다.

금융 연체가 시작될 때가 딱 그 안 좋은 상황이 몰리는 예 중 하나이다. 한 곳에서 가압류 등을 당하면 다른 채권자도 어떻게 알았는지 법적 조치를 취한다. 그리고 정기적으로 돌아오는 세금 체납 문제까지 겹칠 때 징수 기관의 압류가 들어온다. 세금뿐만 아니라, 건강보험공단의 보험료를 연체했을 때도 체납액에 따라 압류가 들어올 수 있다. 이와 같이 채권보전조치가 들어온 후에는 해당 부동산을 정리하기 힘들다. 좋은 부동산 중개사나 법무사 등을 만나면 파는 것이 불가능한 것은 아니다. 그러나 매수인 측에서 보면 문제 있는 부동산을 구입하는 것을 꺼린다. 이런저런 핑계를 대며 계약을 미루거나 급매인 것을 지적하며 가격을 더 깎으려 들 것이다. 따라서 자신이 부담하는 채무에 대해 정확히 알고 있어야 한다. 비단 정기적인 상환 조건만 챙겨서는 안 된다. 예상하기 힘든 위기는 언제든 찾아올 수 있다. 예를 들어, 1년 만기 한도 대출에 대해 살펴보자. 1년 후 자연히 연장을 고려하고 이자만 납부하고 있다가, 은행과의 협상 실패 혹은 은행의 일방적인 통보로 만기 연장을 못 하는 경우 그것을 시작으로 큰 위기를 도미노 쓰러지듯 차례차례 맞을 수 있다.

IMF를 인생에서 가장 큰 위기였다고 말하는 분의 이야기를 소개한다. 개인 사업체 운영에 있어 여유 현금을 여러 은행, 심지어 가족 명의로 분배해 놓고 사업을 하신다. 주거래 은행을 사용해야 좋다는 일반적인 통념에 배치될 정도로 분산 관리를 하고 있다. 이유를 물으니 IMF 직후 갑자기 주거래 은행에서 수일간 계좌 지급 정지를 당하셨던 큰 충격을 당하신 것이다. 그때 갑자기 거래처 입금, 직원들 월급 지급 등을 걱정하며 머릿속이 하얘졌다고 한다. 그 이후 항상 여유 현금흐름을 가져야 하고, 그 돈을 여러 군데 분산하는 것을 습관으로 만든 것이다. 필자 지인의 사례를 한 가지 들었지만, 이것을 타산지석으로 삼을지는 독자분들의 몫이다. 필자는 위 소개가 일종의 예방 주사 역할을 했으면 한다. 일이 벌어지고 잘 해결하는 것도 능력이지만 미리 예방하여 위험한 상황을 조금이라도 피하는 것도 더 큰 능력이다.

E
필요한 것이 뚜렷할 때
돈이 모인다

1. 목표 의식
2. 세브란스 사례 소개
3. 친 학군, 직주 근접
4. 자녀 교육 목표
5. 노후 대비

금수저 논란이 있다. 부모의 재력으로 금수저를 물고 태어나 성인이 될 때까지 부를 유지하고 오히려 그 부를 더욱 쌓는다는 것이다. 사람들은 애초에 출발선부터 다른 불평등한 빈부 격차를 꼬집는다. 이전 대선 후보 토론 때 모 후보가 이야기했다. 자신의 금수저 논란에 자신이 부유한 집에서 태어난 것은 자신이 선택한 바가 아니라고 했다. 그리고 그 이후 성장하며 걸어온 길은 자신이 선택한 것이라 했다. 각자의 시작은 다를지 몰라도 결승선은 정해져 있지 않다. 어떤 이는 자가 주택에 노년의 여유 자금이 결승선이 될 수도 있고, 또 다른 이는 월세가 안정적으로 나오는 부동산을 세 채 정도 갖는 것이 결승선으로 설정할 수도 있다. 모두 목표는 다르다. 그리고 자신만의 목표에 다다른 사람도 있고 그렇지 못한 채 후회하는 이도 있을 것이다.

부자가 되고 싶다면 굳이 현재 시점의 부자들을 이유 없이 증오할 필요는 없다. 불법적인 방법으로 돈을 모았다면 충분히 비난받을 수 있다. 그러나 재산 형성 과정이 적법하고 그에 대한 노력이 있었다면 그것은 오히려 칭찬받아 마땅하다. 모범적인 부자를 따르고 그 방법을 배우고 자신에 맞게 부자

되기를 실행해 나간다면 시간이 지날수록 부를 축적하고 성장한 자신의 모습을 볼 것이다.

1. 목표 의식

자신이 부자가 되어야겠다고 갑자기 절대 하루아침에 부자가 되지 않는다. 자고 일어나니 부자가 되었어요, 라고 말하는 성공한 사람들이 많다. 그러나 자세히 살펴보면 그 부자들은 시간이 가는 줄 모르고 자신의 모든 것을 쏟아 성취해 온 사람들이 대부분이다. 오히려 운이 좋아 부자가 되었다고 하는 이들은 겸손한 사람들이라고 불러야 한다. 부자들은 일종의 목표 의식이 있다. 처음에 상경하여 가정을 꾸린 이가 있었다. 결혼 후 첫 번째 자녀가 생기고 가족들이 사글세에서 벗어나 전세를 살아보고 싶었다. 그는 1년이 되지 않아 방 2개짜리 전세를 얻을 수 있었다. 또한, 2년 후 기존 집에서 전세금 올려주어야 하는 압박감과 다른 집으로 이사할 때 드는 이사 비용, 복비 등이 싫어 내 집 마련에 힘을 기울였다. 마침내 또 수년이 지나 자기 집을 마련했다. 그 후 장사를 열심히 하던 차에 자기 집도 있겠다, 이제는 자기 점포를 가지고 싶었다. 자신의 기존 월세를 내는 사업장 근처에 자기 점포를 마련했고, 사업을 충실히 이어갔다. 이런 식으로 그는 부를 차곡차곡 늘려갔다.

수십 년이 지나고 그 사람은 자신과 똑같이 장사한 주위 동료들과 자신을 비교해 보았다. 요즘은 모두 장사가 잘되지 않는다고 한다. 90년대 초까지 불었던 고도 성장기는 추억 속 아련하다. 그런데 모두 동료들이 모두 자신보다 비교되게 잘 살지는 않고 있는 듯했다. 어떤 이는 분명히 자신과 비슷한 시기에 동종 업종에서 일했는데 아직도 집이 없단다. 더군다나 자기 점포도 없다고 한다. 똑같이 고생했는데 그이는 자신과 자가, 자가 점포의 유무에서 차이가 났다. 그리고 이를 객관적으로 분석해 보니, 부의 차이가 대단히 벌어져 있었다. 자신이 소유한 부동산의 값이 세월이 흐름에 따라 엄청나게 올랐다. 이 이야기는 은행권 지점장급 이상의 분들이 많이 하는 예시 중 하나이다. 쉽게 말해 돈을 빌려주는 회사에서 수십 년 일하면서 부자도 많이 보았을 것이고 망한 사람들도 많이 봤을 것이다. 그런데 지나고 보니 결국 자가, 자기 공장, 자기 점포 있는 사람들이 부자가 되었다는 것이다. 그런데 단순히 부동산 구입을 시대적 흐름, 운에 치중해서 보지는 않았다. 대출을 받으려면 그 자금 사용 목적을 소명하는 것이 일반적이다. 그런데 부자가 된 분들은 다들 부자가 되는 '일종의 절차적 목표 의식'을 가지고 있었다는 것이다. 그것이 앞서 말한 예시와 같다. 자기 집, 자기 점포 등이 그 목표였다. 좀 더 자세히 말하면, 자기 집도 조금씩 평수를 늘려가고, 점포도 그 평수를 늘리거나 추가 점포를 구입했을 것이다. 그리고 이를 쉽게 일반화시키면 결국 '부를 축적하기 위해' 은행에 방문했다. 그리고 세월이 지나 남들이 인정하는 부자가 되었다.

단순히 부자가 되고 싶다고 하면 부자가 될 수도 있고, 부자가 되지 않을 수도 있다. 확률적으로 보면 맹목적으로 부자가 되려 하면 부자가 될 가능성은 작다. 앞서 말한바, 명확한 목표가 있어야 한다. 부자가 되는 것은 그 목표를 달성하는 노력이 빚어낸 결과에 불과하다. 자신의 미션에 따라 무엇을 얻으려면 그 희생이 필요하다. 남들 쉴 때 쉬지 않고 열심히 일하는 것은 당연하고 돈을 쓰고 싶을 때 절제하며 검소한 생활을 했을 것이다. 들어오는 것은 많은데 나가는 것이 적다면 자연히 쌓일 수밖에 없는 단순한 이치를 생각하자. 부는 한꺼번에 이루어지는 것은 아니다. 시간차는 있을 수 있어도 부는 축적하는 것이다. 샀다 팔았다가 차익을 보는 장사도 아니다. 다시 강조하지만, 부는 사서 모으는 것이다.

2. 세브란스 사례 소개

세브란스 병원 사례를 들은 적이 있다. 알고 계실지도 모르지만, 세브란스 병원은 신촌에 하나 있고, 도곡동 쪽에도 있다. 수십 년 전 소위 짬이 되는 직원들은 신촌 세브란스 병원을 선호했고 그 주변 집을 얻어 직장 생활을 했다. 신참 직원들은 선배들에게 밀려 당시 어쩔 수 없이 도곡동 쪽 세브란스에 출퇴근했고 그 근처에 집을 얻어 생활했다고 한다. 그런데 시간이 지나 신촌 쪽에 집을 얻어 생활했던 분들은 집값이 그대로인데 반해, 강남 세브란스 병원 근처에 집을 산 사람들은 예상하시는 대로 집값이 엄청나게 올랐다. 단순히 이 차이를 운의 차이라고 봐야 할까? 그렇지 않다. 자신의 필요에 따른 선택이었고 그 당시 강남은 지금처럼 아주 집값이 많이 오른

상태는 아니었다. 그런데 살다 보니 그렇게 되었을 뿐, 인생에서 실패 혹은 성공을 가를만한 결정적인 차이는 없어 보인다. 오히려 신촌 쪽을 택해 산 선배들 견해를 들어보면 후회가 없을 수도 있다. 신촌도 지가가 낮은 지역이 절대 아니다. 강남 지역이 상대적으로 많이 오른 것이지, 신촌이 현재 소위 말해 입지가 나쁜 지역이 절대 아니다. 그동안 삶의 만족도를 따지면 두 지역 사례를 비교하기 힘들 것이다. 중요한 것은 그 지역에 계속 살고 있는가이다. 만족하며 살았으면 그것이 일등이고, 만족하지 않았어도 적어도 집 한 채 남겼다면 그것도 성공한 것이 아닐까?

세브란스 강남(상), 강북(하) / 출처 : 카카오맵

3. 친 학군, 직주 근접

강남 8학군 신화는 아직 깨지지 않았다. 30년 혹은 40년 넘은 아파트에 전세 수요가 차고 넘친다는 뉴스를 보면 학군이 참 대단하다고 생각할 수 있다. 자녀가 막상 중학교에 갈 때가 되면 이제는 공부할 때라고 면학 분위기를 조성한다. 일단 주위 분위기가 중요하다고 생각하는 것은 인지상정, 공부하는 분위기, 학원가가 잘 형성되어 있는 곳으로 간다. 어디 학군이 좋은지는 몰라도 어디가 유명한지는 학부모라면 다 알고 있다. 그래서 많은 이들이 강남 8학군으로 몰려간다. 사교육 인프라가 잘 형성되어 있는 곳으로 가서 맹모삼천지교를 실천한다. 이 수요가 그 지역의 집값 및 상가 시세를 떠받친다. 한 번 형성된 인프라는 쉽게 깨지지 않는다. 갑자기 정부에서 사교육을 전면 금지하고 법 위반 시 엄청난 제재를 가하겠다는 발표가 있지 않은 이상 그 명맥은 계속 유지될 것이다. 사교육도 하나의 산업임이 분명하다. 예를 들어, 사교육의 근절을 위해 대치동을 틀어잡더라도 어딘가에서 사교육은 계속될 것이다. 자녀를 교육해 좋은 대학 보내려는 관념은 쉽게 깨지지 않을 것이고 관념이 완화되는데 긴 시간이 걸릴 것임이 틀림없기 때문이다.

부모 처지에서 보면 좋은 학교를 보내고, 남들이 하는 사교육을 비슷하게 시키려고 끊임없이 노력한다. 그 의지가 사교육에 과소비를 일으킬 수도 있다. 그러나 반대로 월세나 반전세가 아니라면 그 의지가 역으로 재산 형성에 도움이 될 수도 있다. 실제로 아이가 학업에 가능성을 보여 어렵사리 강남에 전세로 입성하신 분을 본 적이 있다. 강남은 매매가는 물론이고 전세 또한 입성 비용이 절대 적지 않다. 자녀를 교육하겠다는 의지로, 나중에 후회하지 않겠다며 강남으로 갔다. 사교육비를 많이 썼지만, 다행히 자녀가 명문대에 입학했다. 자녀 입학 후 그분은 다른 지역으로 이사를 했다. 기존에 있던 고액의 전세금을 그대로 건져 나왔다. 그리고 그 전세금으로 다른 유망 지역의 집을 샀다. 대학 입학과 동시에 자녀 교육에 대한 부담을 덜고 자신 부부의 노후를 위해 즉, 자가 없이 이곳, 저곳을 떠돌아다니는 불편함 없이 여생을 편안한 곳에서 보내고 싶다는 의지였다. 그분은 준비성이 철저한데도 아직 걱정이 남아있는지 자녀 취업과 결혼을 염려했다. 고등학교 때까지 지출했던 사교육비 비중의 일부를 그 두 목적에 충당시키기 위해 아직 소비를 많이는 못 하시는 듯했다. 소비를 많이 안 하면 자연스레 돈은 모이게 되어있다.

2020년 기준 3대 학군지 전셋값, 출처 : 부동산 114R

4. 자녀 교육 목표

교육 보험에 대해 필자는 회의적이다. 보험은 필요한 최소에 그쳐야 한다는 생각을 하고 있기 때문이다. 필자의 집안은 매우 어려웠던 적이 있다. 우스갯소리로 어머니께서는 우리 집은 나라에서 하는 의료 보험 외에 다른 보험은 못 믿어서 하지 못한다고 하셨다. 속으로는 당장 보험에 납부할 몇만 원이 없어서 하지 못하였다. 그런데 살림이 예전보다 많이 나아졌는데도 불구하고 보험의 수는 늘어나지 않았다. 그것도 예전에 지인분의 부탁에 못 이겨 종신 보험 하나 드신 거 말고는 없다. 필자가 보험에 회의적인 것은 어찌 보면 모친의 영향을 받았는지도 모르겠다. 생각해 보면 보험에 납입하는 돈으로 다른 수단에 투자해도 되고, 하다못해 예금을 해서 급한 일이 생겼을 때 빼서 쓸 수 있다. 예전에 보험사 출신 직원이 한 이야기를 소개하고자 한다. 보험은 가입 즉시 기대 수익률이 50%가 된다고 한다. 단순히 보험금을 탄다, 못 탄다로 생각하면 된다고 했다. 보험 사기를 작당하지 않는 이상, 일부러 보험금을 타기 위해 다치는 사람은 없다. 그리고 지금 납입하는 돈의 가치는 미래 돈의 가치보다 크다. 그래서 몇십 년 후 이자가 붙었다 한들 그 가치를 회복하기 어려울 것이다. 교육 보험도 기본적으로 마찬가지다. 미래 목돈이 들어갈 대학 등록금 등을 위해 보험을 든다는 것은 필자가 보기에 회의적일 수밖에 없다. 미래에는 오히려 정책이 어떻게 바뀔지는 모르겠으나 역사적으로 보았을 때 대학 학비는 논란 와중에도 계속 올랐다.

차라리 없는 셈 치고 좋은 목적이라고 돈을 묻어두는 취지로 했다면 긍정적이다. 아이를 위해 돈의 일부를 소비하지 않고 모아둔다는 것, 그것도 수십 년을 한다는 것은 자신의 결연한 의지 형성에도 도움이 된다. 교육 보험이 아니더라도 아이 이름의 하다못해 청약 통장 등을 만들어주는 것은 아이에게 저축하는 습관을 형성해 주고 숫자가 차곡차곡 늘어나는 것을 보여주는 교육적 측면에서 매우 훌륭한 방법이다. 미리부터 절세하는 측면에서 성년기 되기 전 아이 통장에 10년 단위로 아이에게 일부 돈을 증여하는 것도 돈뿐만 아니라, 돈 교육을 하는 데 도움이 될 것이다.

5. 노후 대비

　삶은 즐거움의 연속이 될 수도 있고 간혹 불안함이 밀려올 수도 있다. 이 불안함을 계속 파고들어 보험사는 먹고 사는 줄도 모르겠다. 이런 기본 전제하에 노후를 대비하는 목적으로 여러 수단을 선택하여 재산을 모아놓는 경우가 대부분이다. 자녀를 위해 자신은 돌보지 않고 자녀 교육 등에 올인하는 경우가 있다. 그러나 생각해 보자. 그렇게 아이를 다 키워 놓았는데 자신이 병들고 아프면 자녀가 좋아할까? 액수가 큰 병원비 앞에 나이도 들고 하면 더 불안해하며, 자녀까지 걱정시키며 맘 편히 살 수 있을까? 보험에 대해 회의적이라 말해 놓고 다시 보험의 긍정적 측면을 역설적으로 이야기하는 것이 아니다. 응당 노후 대비를 목적으로 준비를 해놓는 것에 보험이라는 수단만 있는 것이 아니기 때문이다.

가장 기본적인 수단인 예금을 먼저 살펴보자. 돈을 가지고 있으면 나이 들어 목돈이 필요할 때 바로 빼서 쓸 수 있다. 여기서 많은 사람이 예금의 단점을 이야기한다. 돈이 있더라도 더 큰 일이 생길까 봐 불안해서 함부로 돈을 빼 쓰지 않는다는 반론이다. 그러나 예금은 단순히 돈이 있고 없는지에 따른 문제가 아니다. 일단 예금 통장이 있으면 심리적으로 덜 불안하다. 역설적으로 통장에 돈이 쌓여있으면 언제든 급하면 쓸 수 있다는 안정감이 생긴다. 이는 마치 밖에 나갔을 때 돈을 바로 쓸 일이 없더라도 지갑에 현금이 두둑하면 느끼는 안정감 같은 것이다. 예금이야말로 개인의 '심리적 보험'인 셈이다.

자린고비 이야기를 아실 것이다. 밥 한술 떠먹고 천장에 매달아 놓은 굴비 한 번 쳐다보며 위안으로 삼았다는 이야기이다. 다르게 보면 자린고비는 고생해서 재산을 모았을 것이고 만약 정말 배가 고파 미칠 지경에 이르는 위기의 순간에는 천장에 매달린 굴비를 바로 떼서 먹을 것이다. 예금을 이런 방식으로 보면 좋은 재테크 수단 중 하나가 아닐까?

　다음으로 노후 대비를 위한 방식으로 부동산 투자가 있다. 연금 보험과 부동산을 비교해 보자. 두 수단 모두 월 단위로 수입을 얻는다는 점에 공통점이 있다. 그러나 연금 보험은 일정 나이 이상이 되어야 세금 공제를 받고 계약한 금액을 받을 수 있다. 나라가 망하지 않으면 법적인 보호로 미지급은 없을 안정적인 수단이다. 그러나 이는 부동산도 마찬가지이다. 갑작스러운 위기가 닥치지 않으면 부동산에서도 월세 수입은 나올 것이다. 애초에 입지가 좋은 부동산을 사놓거나 임차인 관리만 잘하면 연금 보험보다 더 높은 이익을 얻을 수 있다. 관리 가능한 리스크 범위 내에서 월등히 높은 수익을 낼 수 있다. 그리고 부동산의 경우 자녀에게 상속이 될 수 있다. 오히려 후대에 대한 불안을 부동산이 더는 것이다. 나이가 들면 역설적으로 아기 같아진다고 한다. 연락이 뜸하면 삐지고 자주 찾아오지 않으면 화를 낸다고 한다. 그래서 나이가 들면 본인밖에 모르고 이기적으로 보일 수도 있다. 그러나 그렇지 않다. 나이가 들면 들수록 자녀에 대한 사랑과 그로 인한 걱정은 훨씬 더 커진다. 사람의 생로병사는 같다. 이 패턴을 살펴보면 젊었을 때 열심히 일하고 절제하여 미래를 준비해야 한다. 그리고 그 수단은 부동산만큼 좋은 것도 없다.

제3부

실전 부동산 투자

A
모두가 알고 있지만
왜! 좋은지 모르는
지역

1. 좋은 지역 과거는 참고만 하자
2. 현재 가치 집중(실거주 목적)
- 직장인은 직주 근접, 사업가는 환가성 고려
3. 미래 가치 탐구

1. 좋은 지역 과거는 참고만 하자

나 왕년에 잘 나갔다 하고 현재 잘 나가는 사람은 드물다. 현재가 불만족스러워서 과거의 영광을 계속 곱씹는지도 모르겠다. 과거 부촌이었던 곳, 돈이 몰렸었던 구(舊)상권의 명맥이 몇십 년을 잇는 경우는 거의 없다. 흥하면 망함도 있는 법이다. 마치 어른들 말씀처럼 새옹지마이다. 부동산에 있어, 특히 그렇다. 현재 주목받지 못하는 지역이지만, 후에 미래 가치가 있는 곳이 있는 것처럼 과거 혹은 현재 잘 나가는 지역이 미래 쇠퇴할 수도 있다. 그래서 부동산 지역 탐색은 예측하기 어려우면서도 재밌다.

좋은 지역의 과거 영광은 참고만 하는 것이 좋다. 사람은 현재를 살지만, 미래도 내다봐야 한다. 그러려면 현재를 정확히 보고 그 이유를 파악해야 한다. 왜 이렇게 되었는지, 그 원인이 미래에 어떤 영향을 미치고 그 결과가 어떠할지 조심스레 내다보아야 한다. 서울 시내 다시 세운 상가 주변을 간 적이 있다. 리뉴얼을 마친 세운 상가는 필자의 어린 시절 홈비디오 오락 및 컴퓨터 게임의 놀이터였다. 1980년대부터 1990년대 초반까지 세운 상가가 다시 잠시 중흥하던 때였다. 세운 상가의 역사를 살펴보면 1967년 세워져 1970년대 중반까지 우리나라 산업의 중심으로 우뚝 섰다. 그러나 그 이후 용산 전자상가의 출현과 함께 세운 상가는 쇠퇴했고, 일전에 전면 재개발 계획도 있었으나, 세계 금융 위기와 함께 무산된 채 도심의 흉물이 되었다, 결국 2010년 이후 바뀐 정부 정책에 따라 리모델링 개발로 방향을 바꾸어 현재에 이르게 된 것이다. 그런데 2020년 이후 다시 이곳은 새로운 재개발 계획 등이 들리고 있다.

이렇듯 지역의 흥망성쇠는 역사, 결과물을 나타내고 그것을 형성한 이유가 존재한다. 한 가지 예를 더 들어보겠다. 현재 서울 시내 최고의 입지는 어디일까? 단연 강남이다. 강남이 좋은 이유는 무엇일까? 유수 대기업 등 양질의 일자리 공급이 있고, 학군이 좋고, 교통이 사통팔달했으며, 한강을 품고 있는 등 여러 요인이 있다. 과거 정부의 남서울 개발 계획에 따라 발달한 도시인만큼 강북에 비해 구획 정리도 네모반듯하게 잘 되어있다. 그런데 강남이 좋은 위와 같은 요인 중 몇 개가 빠진다면 어떻게 될까? 아니면 다른 지역에서 이와 같은 요인을 새롭게 가져 새 도시로 성장한다면 비교 대상이 되는 강남의 입지는 좁아질까? 이와 같은 요인을 스스로 생각해 보고 분석할 수 있어야 한다. 강남이 미래를 내다봤을 때 절대 나쁘다는 것이 아니다. 다만, 부동산 입지를 평가하고 투자처를 정하는데 스스로 판단하는 힘을 길러야 함을 강조하고 싶다.

2. 현재 가치 집중
(실거주 목적)
- 직장인은 직주 근접, 사업가는 환가성 고려

현재, 과거, 미래 시점을 나누어 생각해 보자. 과거는 이미 지난 일이지만 배울 것이 많다. 미래는 예측할 수 없지만 내가 그때에도 살아있을 것을 생각한다면 대비해야 한다. 그리고 현재는 지금 내가 사는 이 순간이다. 모든 기준은 현재로 과거, 미래를 나눌 수 있다. 그래서 현재가 가장 중요한 시점이다. 지금 행복하지 않으면 찬란했던 과거도 소용없고, 미래는 말할 필요도 없다. 바로 지금 부동산을 살펴본다면 어떨까? 평범한 직장인이라면 앞서 말한 직주 근접, 자녀를 고려하면 학주 근접을 제일로 생각해야 한다. 서울을 예로 들어 생각해 보자. 서울 내 큰 직장이 몰려 있는 곳이 어디일까? 강북 광화문 일대, 한강 이남 강남역 일대 등이 먼저 떠오른다.

그리고 또 다른 상업 지역인 여의도도 떠오른다. 머릿속으로 이 세 지역을 꼭짓점으로 트라이앵글을 그려보자. 이 안에 산다면 도심권 핵심지에 사는 것이다. 그리고 각각의 꼭짓점 근처에 산다면 적어도 상업 지역의 근처에 사는 것이 된다. 환경을 고려하고 조용한 곳을 원한다면 이를 고려하지 않고 외곽에 자리를 잡을 수도 있다. 그러나 적어도 직주 근접을 원한다면 앞서 말한 곳에 자리를 잡아야 한다. 그리고 지금이 아니더라도 미래 목표 설정은 그곳으로의 이동이여야 한다.

생각해 보자. 맹모삼천지교라는 말도 있고, 적어도 어린 시절을 떠올리면 집이 가까운 아이들이 큰 스트레스를 받지 않고 통학했고 공부도 잘했다. 간혹 집이 먼 아이가 공부를 잘했다면 아침, 저녁 자가용으로 등하교하는 잘사는 집 친구였을 가능성이 많다. 이는 필자의 개인적 경험이거나 그로 인한 편견일 수도 있다. 그러나 대부분 학부모를 만나보면 필자의 이야기에 공감한다. 적어도 학부모라면 말이다. 학주 근접처럼 직주 근접도 마찬가지로 보면 된다. 성인 기준 출퇴근 시간 편도 1시간을 초과하면 체력적으로 힘이 든다. 직장은 집에서 가까울수록 좋다. 대중교통 속에서 보내는 킬링 타임이 아까울 수밖에 없다. 안에서 책을 보거나 모바일 통신이 발달한 세상 속에서 노래를 듣고 인터넷 웹 서핑을 하면 된다고 하는 분들도 있다. 그러나 반대로 생각해 보자. 바쁜 일상 환경으로 인해 모바일 통신이 발달한 것이지, 모바일 자체가 삶을 바꿔놓은 것은 아니다. 오히려 모바일 통신 속에 사람들이 길든 것으로 생각할 수도 있다. 다시 돌아와서 결론적으로 직장은 사는 곳과 가까워야 한다. 불필요한 체력 소모를 아끼고 그 시간을 다른데 활용해야 윤택한 삶을 누릴 수 있다. 이 논리는 학주 근접에도 적용된다.

자영업 등 자신이 사업가라면 가장 중요한 환가성을 고려해야 한다. 부동산의 제일 대표적인 표준 상품이 있다면 그것은 적어도 대한민국에서는 아파트이다. 그것도 더 나은 표준을 찾는다면 역세권 대단지 아파트이다. 세대수가 많은 대단지 아파트일수록, 그리고 역세권 등 입지가 훌륭한 곳에 있을수록 거래량이 많을 수밖에 없다. 거래가 활발하다는 것은 수요가 많다는 이야기이다. 그리고 대단지라는 말 자체가 공급이 많다는 것을 의미하는 것은 말씀드리지 않아도 아실 것이다. 표준 상품을 보유할수록 급할 때 큰 손해 보지 않고 잘 팔 수 있다. 그리고 반대로 사는 처지에서도 거래가 활발한 곳에서 기회를 찾을 수 있다.

현재 자신이 누리는 가치, 그 일이 벌어지는 곳에서 가까운 곳에 먼저 자리 잡아야 한다.

앞서 직주 근접, 학주 근접, 환가성 등에 대해 이야기했다. 세 가지 측면에서 겹치는 부분도 떠오를 것이다. 법상 오천 세대 이상이면 학교가 들어와야 하고 병원, 종교 시설 등 다른 편의 시설도 들어와야 한다. 대단지 아파트라는 공통분모가 떠오를 것이다. 대단지 아파트라면 지하철역 수요가 있다. 지하철역이 없더라도 적어도 큰 대단지에는 역과 통하는 마을버스라도 들어올 수밖에 없다. 교통 수요가 있는데 그에 따른 공급 사업자가 들어오지 않을 수 없다. 이 시장 논리를 기억해야 한다.

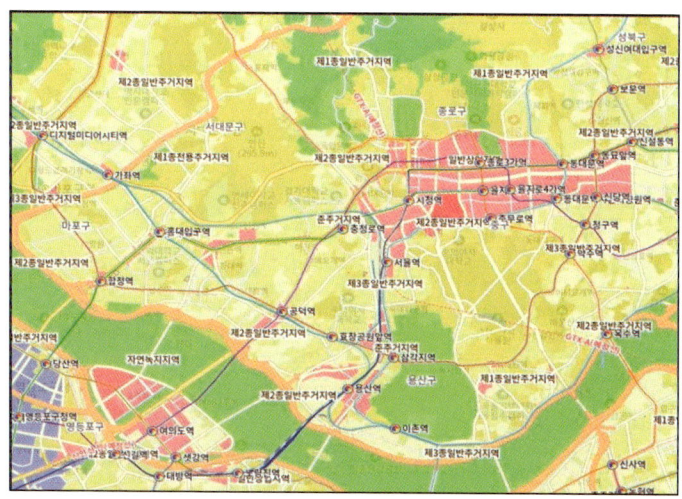

서울 시내 주요 상업 지역(붉은색), 강북 / 카카오 지도

서울 시내 주요 상업 지역(붉은색), 강남 / 카카오 지도

3. 미래 가치 탐구

현재는 힘들더라도 미래에 더 큰 것을 얻으리라 사는 분들도 많다. 이게 투자의 핵심이다. 현재 가진 자원으로 더 넓은 더 고급의 주택에 살 수도 있다. 그러나 그렇지 않고 일부 돈을 떼어 투자할 수도 있고, 아예 현재가 아닌 미래 가치에 몰빵하는 사람들도 있다. 사람마다 위험 감수 성향은 다르다. 그러므로 무엇이 옳다고 할 수 없다. 다른 것은 다른 것에 그쳐야지 자신과 다르다고 무조건 틀렸다고 하는 것은 옳지 않다.

미래를 이야기할 때 많은 이가 해당 지역의 개발 호재를 이야기한다. 예를 들어, 지하철역 개통 예정, 도로 확장 예정, 지구 단위 개발 계획 확정 등 뉴스가 나오면 그곳에 눈길이 갈 수밖에 없다. 개발이 예상되면 그 지역은 살기에 더 좋아지고 더군다나 많은 이들의 관심을 받으니, 지가가 상승할 수밖에 없는 구조이다. 그러나 개발은 통상 자신의 의지가 아니라 남의 의지에 따른 것이다. 개발 계획은 정부의 결정으로부터 시작된다. 그런데 개발과 관련된 모든 공무원이 돈을 벌었을까? 그것은 아닐 가능성이 크다고 생각한다. 알고 있다고 하더라도 법상 제한이 있는 것임이 틀림없고 제한에 걸리지 않는다고 해도 돈을 버는 방법을 모두가 완벽히 알지는 못한다는 예상이 가능하기 때문이다.

그럼 다시 과거 패턴을 살펴보자. 대부분은 지가가 오르는 모양새가 있다. 일단 개발 계획이 발표될 때 가격이 한 번 오른다. 가격이 오른 후에는 사람들이 이미 올랐다고 되레 포기하곤 한다. 그러나 아직 더 남았다! 계획에 따라 착공이 일어나면 그때 그 가시성으로 말미암아 기대 심리가 한 번 더 부푼다. 즉, 가격이 또 한 번 오른다. 대부분 사람은 여기까지겠지, 이제 다 올랐다고 생각한다. 그러나 막상 계획에 따라 완공이 되면 완성된 모습이 또 가시적 효과를 나타내 마지막으로 가격이 한 번 더 오른다. 이것이 가격이 오르는 패턴이다. 그리고 다음 가격은 온전히 그 부동산이 차지하고 있는 입지에 달렸다. 입지가 좋으면 수요가 받쳐주기 때문에 유동성 등 다른 요인과 더불어 가격이 오른다. 당연히 전국적인 침체로 가격이 내려가도 입지가 좋으면 다른 곳에 비해 덜 떨어진다. 투자를 염두에 둔 분이라면 이 패턴을 반드시 기억해야 한다.

미래 예측은 어렵다. 주식 시장에서 '소문에 사서 뉴스에 팔라.'는 명언이 있다. 부동산 시장에서는 이 말이 완전히 통용되지는 않는 듯하다. 부동산은 말 그대로 움직이지 않는 재산이다. 그런 속성에 맞추어 한 번 사면 적어도 오랜 기간 보유하는 스타일로 가야 한다. 그렇지 않으면 애초에 사면 안 된다. 그러나 부동산 시장은 주식 시장과 비슷한 점도 많다. 부동산 시장에도 미래 예측은 어렵다. 그리고 가격이 매겨지는 만큼 다수 심리에 의존하는 경향이 있다. 자신이 보기에 별로이고 좋지 않아 보여도 많은 이들이 좋다고 생각하면 그것은 높은 가격 평가를 받는다.

또한, 부동산은 상대 평가를 받는다. 내가 보유한 부동산 지역과 다른 지역이 같이 평가를 받는다. 다른 지역은 발전이 더딘데 내가 보유한 부동산 지역이 상대적으로 더 나으면 더 나은 평가를 받는 현상 유지를 할 수 있다. 반대로 내 지역은 그대로이고 별다른 지역 호재도 없는데 부근의 다른 지역이 좋은 호재가 있으면 그쪽이 더 좋아지고 내 지역은 상대적으로 저평가를 받는다. 사람들은 좋다고 하는 곳에 눈이 쏠리기 마련이기 때문이다. 이 같은 특성을 적용해 보면 부동산은 움직이지 않고 바라보는 사람들이 많다는 점에 따라 일단 부동산 투자는 선택부터 신중해야 한다. 앞서 부동산은 한 번 보유하면 오랫동안 그것을 유지해야 한다고 했다. 그래서 더 신중히 선택해야 한다. 그리고 보유하면서 계속 깨어있어야 한다. 내 것도 보고 적어도 근처라면 남의 것에도 귀를 대야 한다. 혹시라도 자신의 판단이 틀렸다는 확신이 서면 그곳은 과감히 정리할 줄 아는 것도 능력이다. 정리할 때는 주식 투자와는 또 다르다. 하한선도 없어 헐값에 팔릴 수도 있고 그마저도 사주는 사람이 없으면 팔지도 못한다. 부동산 투자는 매수의 선택부터 신중해야 한다.

B
가족 구성에 따른 포지션 선택을 하자!

1. 주말 가족 여부
2. 1인 가구

1. 주말 가족 여부

최근 맞벌이 가정이 늘고 있다. 양성평등 사회가 도래했고 그에 따른 경제관념의 변화로 말미암아 부부 맞벌이가 자연스러워졌다. 오히려 근래에는 남자 측에서 결혼 후 여성이 일하는 것을 결혼의 조건으로 내세운다는 경우도 많이 있다고 한다. 맞벌이 가정이 는다는 것은 결국 그만큼 가계 경제 상황이 어렵다는 것을 뜻한다. 예전에야 분위기가 남성만이 가계 수입을 책임지는 구조였고 다른 집들도 거의 그러했기에 그것이 자연스러웠는지도 모른다. 그러나 최근에는 한 푼이라도 더 벌어야 한다는 경제적 압박과 함께 여성의 당당한 사회 활동으로 인한 자아실현의 측면에서라도 맞벌이가 많이 늘고 있다.

부부가 모두 일을 하면 특히 경제권이 누구에게 주도권이 쥐어지는가가 아무래도 결혼 후 고려해야 할 중요한 측면 중 하나일 것이다. 생각건대, 여성이든 남성이든 경제적 관념이 더 철저한 한 사람에게 집중하는 편이 가계 재산 형성에 좋다. 맞벌이하면 통상 일정 생활비를 공통 분담하고 나머지 각자의 잔여 급여에는 서로 간섭하지 않아야 한다는 부부가 많다. 서로를 믿고 의지하기 때문에 각자 열심히 번 돈은 각자가 관리하고 전세금이나 주택 구입 자금 등 목돈이 필요할 때는 서로 돈을 부담하면 된다고 말들 한다. 그리고 그것은 부부간 존중이라고도 한다. 그러나 취지가 어찌 되었든 서로 얼마나 돈을 가졌는지는 모르는 것이고 서로 신뢰한다고 해서 없는 돈이 갑자기 모이는 것은 아니다. 좀 더 꼼꼼한 한 사람이 돈을 투명하게 관리하고 모은다면 그것이 부부의 밝은 미래를 위해 서로 신뢰할 수 있는 더 좋은 방법이 되지 않을까 생각해 본다.

서로의 일 때문에 맞벌이 부부 중 주말부부를 하는 커플이 많다. 한 사람 혹은 두 사람 모두 결혼으로 직장을 서로 포기할 수 없어서 어쩔 수 없이 소위 두 집 살림하는 경우가 많다.

여기서 두 집 살림이란 말 그대로 한 부부가 서로를 위해 거주지를 두 곳에 두는 경우를 말한다. 예를 들어, 지방에 근무하는 신랑은 회사 근처 오피스텔 월세를 살고 주말이면 서울 전셋집에 머무르며 일하는, 신부가 주중을 보내는, 자신의 원래 보금자리로 돌아오는 구조를 떠올릴 수 있다. 주말 부부라면 일단 두 집 살림이 되기 때문에 일단 한 곳에 주거비를 집중하는 경우보다 주거비가 더 많이 들어갈 확률이 높다. 거기에 주말마다 이동 교통비까지 고려한다면 손실은 클 수밖에 없다. 그러나 주말부부는 어쩔 수 없는 선택일 수 있다. 어쩔 수 없다면 미래를 위해 최고의 방법 혹은 적어도 차악을 선택해야 하지 않을까?

주말부부라면 남성이든 여성이든 관계없이 여력에 따라 최적의 선택을 해야 한다. 즉, 월세보다 전세를, 매수 여력이 있다면 수도권 쪽, 더 나아가 서울권의 부동산을 선택해야 한다. 주거에 들어가는 비용을 줄이면서 투자적인 관점에서 하루빨리 매수하는 쪽으로 방향을 잡아야 한다. 주택 담보 대출을 받고 집을 구입했다면 그 대출금의 크기가 감당할 수 있는 범위 내라면 그것은 부부에게 일종의 순기능적 강제 저축

효과로 작용할 수 있다. 주말부부를 하는 목적을 생각해 보면 다 잘살아 보자고, 행복한 미래를 위해 현재 고생을 마다하지 않는 것이다. 그렇다면 그 고생의 결과가 결국 나중에 좀 더 나은 결과를 맞을 가능성이 큰 것에 걸어야 한다. 그것은 바로 자신의 상황에 따라 위와 같은 패턴을 선택하여 착실히 따르는 것이다.

서로의 선택에 따라 주말부부를 살다 보면 자녀 출산도 철저히 계획하기 마련이다. 아이를 꼭 가져야 한다는 관념도 예전에 비해 많이 무뎌진 것도 사실이고, 상황에 따라 아이를 예전에 비해 많이 갖지 않는 것도 현실이다. 그런데 경험상 아이 갖기를 늦출 수는 있어도 계획대로 빨리 갖지는 못하는 것 같다. 어찌 보면 생명은 정말 하늘이 내려주시는 것 같다. 저출산 시대에 젊은 세대는 많이 고민하고 있다. 계획대로 하지 못할 수도 있다. 그러나 계획대로 하지 못할 것 같다고 계획을 갖지 않거나 미리 염두에 둔 구상대로 실행하지 않는 것도 어리석은 일이다. 누구도 쉽게 미래를 예측할 수 없다. 삶은 어느 정도 리스크를 가지고 사는 것이다. 그 위험을 관리할 수 있는 범위 안에 두면 미래는 그만큼 혹은 그 이상으로 보상을 줄 것이다.

맞벌이 부부 혹은 주말부부에게 부동산은 투자를 넘어 어떤 의미로 작용할까? 요즘은 YOLO(You Only Live Once)라 하여 자신에게 과감히 투자하며 사는 젊은이들도 많다. 신세대 부부 중 욜로족들이 많다. 집은 사는 것(buy)이 아니라 사는(live) 곳이라고도 말한다. 과감히 임대 아파트를 선택하여 주거비를 줄이기도 하고 혹은 도심 직장에서 멀어도 쾌적한 환경 속 주거지를 택하기도 한다. 서울시 강동구 고덕동의 신축 대단지 아파트에 간 적이 있다. 그곳에는 신혼부부들이 많았다. 주말에는 매우 조용하여 아이를 유모차에 태우고 단지 내를 즐겁게 산책하는 부부들도 많았다. 그리고 조용한 분위기 속에서 주변 환경 때문인지 부드러운 숲 향기가 느껴져 아주 좋았다. 그리고 해당 지역의 입지는 주말이면 도시 외곽으로 빠져나가 당일치기 혹은 1박 2일 여행을 떠나기에 좋은 곳이었다. 젊음의 가치 추구 측면에서는 매우 긍정적인 평가를 내릴 만하다.

요즘에는 '야간 부부'도 늘어나고 있다. 필자도 예전에 야간 부부였다. 고된 직장 생활을 하며 지금의 반려자와 연애할 때도 만날 시간이 부족했다. 결혼해서도 신혼 때는 특히 함께하는 시간이 부족했던 것 같다. 부부의 공통된 취미 생활은 영화관에 가서 영화를 보는 것이었다. 다른 이들과는 역발상으로 밤에 주로 주차가 가능한 도심의 영화관을 찾아다녔다. 도심에는 저녁 러시아워 시간이 지나면 의외로 차가 많지 않다. 특히 명동 지역을 많이 다녔다. 심지어 평소면 꽉 들어찼을 주차장도 우리가 방문하는 심야에는 텅 비어있었다. 한동안 야간 부부를 자칭하며 영화를 많이 봤다. 시간만 늦었다 뿐이지 사람들과 부대끼지도 않고 적응이 되니 아침에 그리 피곤하지도 않았다. 그리고 야밤에 차를 타고 배우자와 한강공원에 자주 갔다. 지금은 24시간 한강공원 주차장에서 주차 요금을 받고 있다. 그러나 예전에는 오후 9시가 넘거나 주말일 때는 주차 요금을 받지 않았다. 주차 요금 징수도 피할 겸 차도 밀리지 않고 사람도 많이 없는 시간에 한강공원 방문을 즐겼다. 부부가 밤에 한강공원을 산책하며 서울의 야경을 보는 것은 정말 소중한 경험이었다. 필자는 애초에 신혼집의 선택을 직주 근접에 맞춘 도심 안에서 시작했다. 그 선택이 야간 부부 생활을 가능하게 했다. 지금도 배우자는 말한다. 현재 상황에서 우리가 할 수 있는 것을 최대한 누리자고 말이다. 필자는 현재보다 미래를 좀 더 생각하며 조금 더 고생하자는 주의인데, 어쩌면 배우자의 삶의 브레이크 같은 작용이 더해져 너무 고된 생활은 피하지 않았는지 하는 생각이 든다.

어느 선택이든 절대 잘못된 선택이라 말할 수 없다. 각자의 가치 추구에 따른 선택이고 그 선택에 합당하고 가치 있는 이유가 있기 때문이다. 다만, 시간의 차이가 있을 뿐이다. 현재 어떤 선택을 하고 무슨 일을 하냐에 따라 미래에 영향을 반드시 준다고 믿는다. 투자를 현재의 행복에 할 것인가, 미래를 바라보고 현재를 일부 희생할 것인가에 따라 부유함에 오르는 시간의 차이가 있기 마련이다. 인생에 완벽함은 없다는 사실도 어느 정도 알고 있다. 선택은 각자의 몫이다. 그래도 확률이 높은 쪽을 생각하고 선택한다면 심적으로도 덜 불안하지 않을까 싶다.

2. 1인 가구

결혼 적령 평균 연령이 늘었다. 결혼 평균 연령이 남자 기준 20대 후반, 여자 기준 20대 중반이었던 때는 과거 이야기이다. 근래 여러 통계를 보면 남자 30대 초반, 여성 20대 후반 정도로 결혼 평균 연령이 높아졌다. 이는 기대 수명이 늘어난 영향도 있을 것이고 결혼은 더 이상 필수가 아니라는 인식 변화도 영향을 미친 것 같다. 100세 시대에 돌입했다는 보험사들의 현혹 광고 등은 아직 개인적으로 회의적이지만, 기대 수명이 늘어난 것은 확실한 듯하다.

결혼을 안 한다는 것은 결국 1인 가구가 늘어난다는 것을 의미한다. 예전에 뉴스를 통해 호주의 경우 부모들에게 얹혀

살며 독립하지 않는 일명 캥거루족이 있다고 들어본 적이 있다. 또한, 홍콩의 경우 살인적인 집값으로 인해 부모 명의 부동산을 담보로 집을 구입하는 젊은 세대들도 있다고 한다. 결혼하여 적어도 2인 이상 가구에 편입되는 비율이 적다고 하더라도 이것이 곧장 개인의 독립, 즉 경제 독립의 1인 가구 탄생을 의미하지는 않는다. 그러나 결혼하지 않고 독립하는 1인 세대도 많이 늘어나는 것은 어느 정도 그 수가 늘어날 것이고 이미 사회 현상이 되어버린 것처럼 당연한 일이 되었다.

경제적으로 독립한 1인 가구도 주거가 필요하다. 당장 챙길 몸이 하나이니 큰 공간은 필요하지 않다. 주위를 보면 독립한 1인 가구는 대개 우리나라의 경우 오피스텔부터 시작하는 경향이 있다. 주거용 오피스텔의 경우 역세권에 가까울수록 즉 직장과 가까운 것이 선호도에 영향을 미친다. 그리고 실제 생활을 해본 사람들의 이야기를 들어보면 주말에 가까운 편의 시설, 간단히 식사를 해결할 곳이 많은지 여부가 오피스텔 결정에 큰 영향을 끼친다. 조용한 시 외곽보다 도심권을 선호하고, 직장과 초근접한 중심 지역 도심권이 아닌 약간 떨어진 부도심 정도에 있는 것을 상당 부분 선호하는 경향이 있는 듯하다. 그리고 하나 더 오피스텔을 선택하는 중요한 요인이 있다면 주차 편의성일 것이다. 집은 없어도 차는 있어야 한다는 인식도 요즘 세태를 반영한다. 그 영향을 받아 주차 공간 여유가 있는지 주차 비용이 있는지 따진다. 또한, 관리비가 평균적으로 얼마나 나오는지도 당연히 오피스텔 결정의 중요 요소가 된다.

오피스텔의 경우 풍선 효과로 인해 아파트, 빌라 갭투자에 이어 주요 투자 수단이 되고 있다. 실제 혼자 살 때 오피스텔을 구입했다가 결혼하며 오피스텔 처분 여부를 고민하는 사례를 보았다. 지인의 선택은 신혼집은 도심의 전세를 얻고 오피스텔은 월세 수익을 보는 것으로 결정했다. 오피스텔 가격은 많이 오르지 않는다. 차익형 상품이라기보다 수익형 상품에 가깝기 때문이다. 좁은 공간에 높은 용적률을 적용받아 올린 건물이 오피스텔이다. 용도도 주거용, 사무용으로 정해져 있다. 요즘 아파텔 개념도 나오지만, 이는 차치하고 오피스텔은 한 번 지어지면 응당 감가상각이 있다. 구분 소유자가 많아 재건축이 거의 힘들다고 봐야 한다. 근처 신축 오피스텔이 들어서 더 나은 경쟁자가 나타나면 자연히 가치는 떨어질 수밖에 없다. 오피스텔을 본인이 거주 목적이든 투자 목적이든 구입하고자 한다면 이러한 점을 항상 염두에 두어야 한다. 오래 보유해서 한 채씩 모으겠다는 멀리 보는 시각의 투자가 아니라면 오피스텔 투자는 조심해야 한다. 다른 부동산 수단이 많은데 오피스텔을 고집할 이유가 전혀 없다.

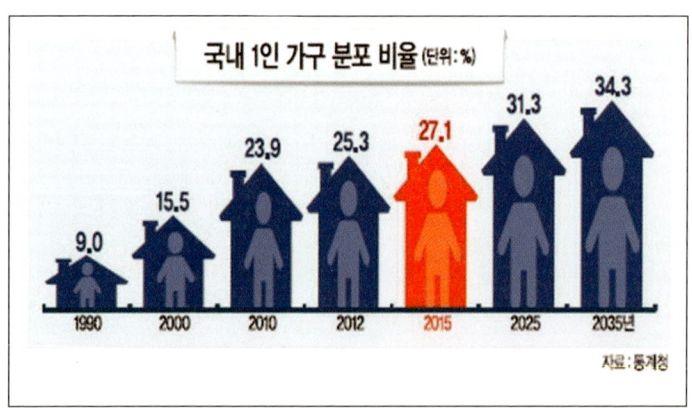

국내 1인 가구 분포 비율, 출처 : 통계청

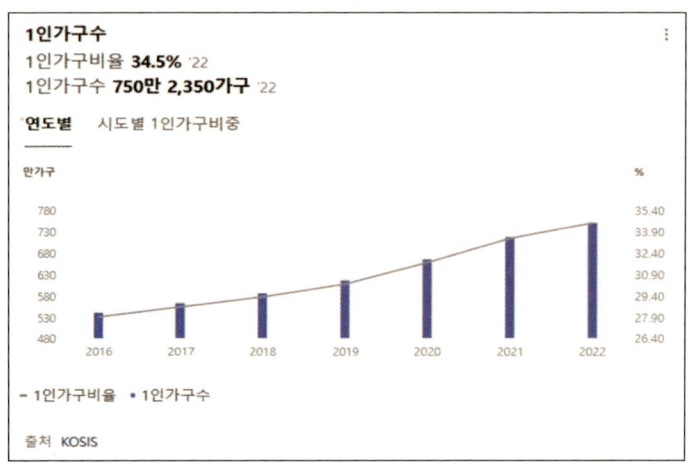

2024.07.06. 기준 네이버 통계, 출처 : KOSIS

C
살기 좋고 투자하기 좋은 아파트는 **따로 있다!**

1. 입지의 중요성
2. 기존의 법칙, 유행에 따른 좋은 아파트
3. 역발상 투자

현재 대한민국 국민 대다수가 아파트를 선호한다. 그리고 보편적으로 가장 좋은 주거지는 강남 아파트라고 생각하는 이들이 많다. 정리하면 강남은 우리나라에서 입지가 가장 좋은 곳이라고 생각하는 것이고 가장 좋은 주거 형태는 아파트라고 생각하는 것이다. 절대 틀린 말이 아니다. 강남이 입지가 좋다는 것은 두말하면 잔소리다. 입지는 사람들의 발걸음 수에 비례한다. 사람들이 많이 모일수록 그 땅의 가치는 높을 수밖에 없다. 강남은 양질의 일자리가 모여 있고, 교통이 매우 우수하고 명문 학군이 몰려 있다. 그래서 입지적 측면에서 강남은 절대적으로 좋다. 아파트는 스탠더드한 구조를 가진다. 화장실과 방, 거실, 출입문, 창문 등의 배치에 있어 효율적인 편이다. 한 아파트 단지에는 자신과 비슷한 수준의 사람들이 모여 산다. 그래서 자신이 사는 아파트는 곧 자신을 대변하는 분신과 같은 이미지를 내비치기도 한다. 다수가 아파트를 선호하는 만큼 여기서는 좋은 아파트를 고르는 법에 대해 논하고자 한다.

1. 입지의 중요성

앞서 강남 지역 아파트와 입지에 관해 이야기했다. 아파트에서도 가장 중요한 점은 당연히 입지이다. 강남뿐만 아니라 좋은 입지라 할 수 있는 곳은 많다. 자신과 다른 이들의 주안점은 다를 수 있다. 그것이 학군이 될 수도 있고, 교통이 될 수도 있고, 그리고 주변 편의 시설이 될 수도 있다. 예를 들어 학군을 중요시한다면 강남 대치동 지역의 아파트를 먼저 떠올릴 것이다. 그러나 강남 아파트 거주 여건이 되지 않는다면, 목동 지역 아파트나 중계동 은행 사거리 학원가 주변 아파트, 광장동 아파트, 평촌 학원가 아파트 등 고려할 곳이 많다. 주변 환경을 중시한다면 도심 주변 전형적인 베드타운 아파트 등을 고려할 수 있다. 1기 신도시 일산 지역 대단지 아파트,

강서 지역, 가재울 뉴타운 아파트 단지 등 조용한 곳에서 평화로이 육아할 수 있는 곳이 많다. 교통 혹은 직주 근접을 원한다면 광화문 근처 지역 교남 뉴타운, 여의도 지역 시범 아파트, 강남과 접근성이 좋은 반포동, 잠원동 지역 아파트 등을 생각할 것이다. 완벽한 곳은 없다. 그러나 강조하는 입지적 요소에 따라 생각할 곳은 많다. 자신의 판단하에 유리하다고 생각하는 곳을 한다.

2. 기존의 법칙, 유행에 따른 좋은 아파트

이제까지 많은 이가 좋은 아파트는 대단지 아파트, 그중에서도 로열층이라 부르는 고층을 선호했다. 이는 모두 기존의 관념에 따른 것이다. 세대수가 많은 아파트일수록 평균 관리비가 적게 들고 차지하는 면적이 큰 만큼 대규모 편의 시설이 단지 내 위치해 있다는 믿음이 있기 때문이다. 그리고 낮은 층수는 마음껏 뛰어도 괜찮다는 점 외에, 높은 층은 우선 전망이 우수하고 탑층이 아니라면 여름에 바람도 시원하게 불고 맨 위층에서 열을 어느 정도 흡수해서 냉난방 등 관리에 매우 유리하다고 한다.

세대수가 클수록 유리하다는 기존의 관념은 아직도 긍정

적인 측면이 많다. 일반적으로 체인화 대기업의 경우 신규 출점 입지 분석 시 최소 500세대 이상의 아파트 단지 앞을 노린다고 한다. 그리고 주위 세대수가 5,000세대 이상일 경우 법적으로 학교가 유치되는 등 편의 시설이 만들어진다. 지도를 봐도 거대 아파트 단지 내에 초, 중, 고등학교가 위치가 있다. 그리고 대형 병원 등도 있다. 필자의 생각에 좋은 아파트라 부를 수 있는 세대 기준은 최소 500세대이고, 서울 지역에만 한정하여 서울은 더 이상 새로 개발할 택지가 없고 재개발, 재건축이 남았다는 점을 살펴보면 세대수가 1,000에서 1,500세대 정도 되는 단지가 적당한 것 같다. 관리비, 편의시설의 경우 조금 상황이 바뀌었다. 태양광 등 친환경 에너지 옥상 도입 및 효율적인 스마트 설계 등으로 세대가 적어도 관리비가 기존 아파트보다 적게 드는 아파트들이 생겨나고 있다. 요즘은 지상 주차장 건설을 지양하고 지하 주차장을 건설하는 것이 거의 필수화되어 있다. 지상은 보행자 친화적으로 설계하고 지하층에는 주차장 및 헬스장 등을 건설한다. 그래도 세대수는 많을수록 좋다. 세대수가 큰 아파트는 일단 매물이 많고 그만큼 거래량이 많다. 그래서 일정한 시세를 유지할 수 있다. 이것은 환금성 측면에서 매우 큰 장점이다.

다음으로 고층에 대해 말하고자 한다. 고층일수록 좋다는 인식은 어느 정도 맞는 말이다. 전망이 중요시되기 때문에 어느 아파트이든지 고층은 일반적으로 저층보다 시세가 비싼 편이다. 그런데 구형 아파트의 경우 층간 소음의 문제가 있다. 자신도 조심해야 하며, 위층 이웃에 의한 피해자가 될 수도 있다. 층간 스트레스 문제는 실제 당사자 이야기를 들어보면 생각보다 심각하다. 새 아파트는 건축 기준이 강화되어 기존 아파트보다 예방이 된다고는 하지만 윗집, 아랫집이 있는 이상 층간 소음으로부터 완전한 자유를 누릴 수는 없을 것 같다. 저층, 특히 1층의 경우 자신이 피해를 줄 일이 없다는 인식으로 주로 어린 자녀를 키우는 세대가 선호한다. 기타 저층은 높이 오르내리는 게 싫다는 인식으로 주로 노년층이 선호해왔다. 그러나 요즘 분양하는 아파트를 보면 저층 특화 설계를 하는 경우가 종종 있다. 1층의 경우 반지하를 만들어주기도 하고 2층까지는 테라스를 만들어주기도 한다. 기존 저층을 선호하지 않아 분양에 애를 먹었던 경험이 작용했던 듯싶다. 이도 결국 수요층에 따른 새로운 공급 형태로 보아야 한다. 저층 세대에게 특화 설계라는 조건을 내건 것이다. 실제로 이 특화 설계를 수요층에서는 반길 수밖에 없다. 기존 저층을 선호하는 층을 흡수하고 앞으로 고층과의 시세 차이도 줄어들 것으로 생각한다. 저층 세대에게만 공급되는 자기 세대만의 테라스를 가진다는 것, 1층 세대에게 자신만의 정원을 준다면 그것은 이미 엄청난 프리미엄이 될 수 있기 때문이다.

현재 우리는 고령화 시대에 접어들었다. 또한, 과거와 다르게 1인 가구가 많아졌다. 경제적 독립을 이룬 청년 세대가 결혼은 미루고 새로운 라이프 스타일을 즐기면서 1인 가구가 늘어났고 그에 따른 거주 수요도 많아진 것이다. 거주지의 경우 85㎡ 이하 즉, 중소형이라 불리는 면적의 오피스텔 및 아파트가 대량 공급되고 있다. 그리고 상대적으로 그 이상의 중대형 평형 공급은 대거 줄어들었다. 그러나 유행은 돌고 돈다. 시세적 관점에서 저평가받았던 중대형 평형이 다시 재조명받는 경우는 지금도 심심치 않게 찾아볼 수 있다.

예전부터 우리나라는 내 집 마련을 중요한 요소로 생각했다. 처음에는 전월세, 그다음 조그만 자기 집, 이어서 집 평수를 늘려나가기 시작했다. 요즘 둘이 생활하는 노인 가구는 관리 및 경제적 문제로 작은 평수로 옮겨가는 등 효율적 다운사이징의 움직임도 많다. 그러나 중대형 평수 수요가 완전히 사라졌다고 하기는 매우 힘들다. 단순히 경제적 문제에서 보면 세금 및 유지 관리비 등 경제력이 충분한 이들은 중대형 평수를 여전히 선호한다. 그것이 안락한 집을 위한 필요일 수도 있고 단순한 과시욕일 수도 있다. 중요한 점은 중대형 평형 수요는 계속 있다는 점이다. 이는 앞으로도 그러할 것이라고 조심스레 예측해 본다. 현재 아파트를 선택하는 관점에서 적용해 보자. 서울 지역 내 대단지 아파트를 예로 들자. 옥수동 A 대단지 아파트의 경우 재개발로 만들어진 대단지 아파트이다. 세대수 구성에 따르면 중대형 평수는 턱없이 적은 편이라고 생각한다. 중소형을 선호하는 트렌드에는 적합해 보인다. 전반적인 부동산 경기 상승에 따라 이곳도 시세가 상승했다. 그러나 장기적인 관점의 경쟁력 측면에서 보면 세대수 구성은 다양한 편이 좋다. 해당 지역 아파트는 사견으로 너무 중소형 평형 구성에 치중한 편이다. 다른 예를 보자. 성수동 한강변 B 아파트의 경우를 보면 원래부터 중대형 위주의 평형 구성을 가져갔다. 작은 세대수 부분은 법적인 측면에서 강제되어 구성된 부분이라 이 부분은 차치하고, 나머지 평형 구성의 경우 철저히 중대형 평형으로 구성했다. 입지적 측면에서 먼저 바라보고 해당 두 아파트의 시세를 비교해야 하는 것이 옳다. 그러나 현재 시세 말고 앞으로의 발전 가능성을 보면 세대수 구성이 다양한 아파트 단지가 더 낫다는 점을 강조하고 싶어 단적인 두 가지 예시를 들었다. 자신 외 수많은 사람이 살고 있고 그 다수의 수요는 다양하다. 자신은 현재 경제적 형편이 있고 앞으로도 중소형에서만 살 것이라는 이유로 중대형 평형을 크게 신경 쓰지 않고 산다는 오류를 범하지 않기를 바란다. 나무를 보지 않고 숲을 보아야 한다. 한 발짝 뒤에서 한 계단 높은 곳에서 멀리 바라봐야 한다. 쉽게 예단하지 말아야 한다. 지금은 1인 가구 시대이고 앞으로 그 비중이 높아질 것으로 보인다. 그러나 이 세태가 앞으로의 아파트는 다 중소형 아파트들만 남을 것이다, 라는 잘못된 결론을 내서는 안 된다.

3. 역발상 투자

 부동산을 사는 것은 돈이 한두 푼 들어가는 일이 아니다. 목돈이 투자되는데 아무래도 처음 투자일수록 가족이나 친한 지인에게 조언을 구할 가능성이 크다. 자신이 물어본 부동산에 대해 다수가 좋다는 곳이 있을 것이다. 그리고 나름 전문가가 좋다고 하는 곳도 있을 것이다. 그런데 여기서 필자가 한 번 물어보고자 한다. 남들이 좋다고 하면 그 결정을 무조건 따를 것인가? 아마도 글쎄 혹은 아니라고 대답하실 것이다. 예전에 개인적으로 어느 문제에 있어 누가 이것이 맞다더라, 좋다더라, 저도 이렇게 해보면 어떨까요, 라고 물어본 적이 있다. 그러자 대답을 들은 분께서 한마디를 날리셨다.

"너는 남들이 죽으라면 죽고, 살라 하면 네가 살 거냐?"

그때 머리에 망치를 맞은 것 같았다. 그 후 필자의 사고방식 변화에 큰 영향을 미쳤다. 만약 필자가 저도 이렇게 해보겠습니다, 라고 했으면 또 다른 말씀을 주셨을 것이다. 그럼, 네 판단을 존중하고 응원하겠으니 단, 신중히 하라고 간단히 말씀하셨을 것이다.

투자에 있어 자신이 스스로 생각하고 과감하게 판단할 수 있는 능력을 길러야 한다. 여기서 조심해야 할 오류를 하나 소개하고자 한다. 자신이 오래 거주한 지역은 별로라고 생각하는 그릇된 오류이다. 자신이 오래 살았다는 것은 익숙해졌다는 것을 의미한다. 몇 년, 몇십 년을 살았는데 환경이 변하지 않아서 별로라고 할 수도 있다. 여기서 자기 삶이 변화가 없을지라도 주변 환경은 변할 수밖에 없다. 부동산도 마찬가지이다. 자신이 너무 익숙하여 변화를 알아채지 못할 수는 있어도 변하지 않는 것은 없다. 모든 것은 변한다. 내가 살고 있는 지역을 별로라고 낮은 평가를 내려도 다른 사람들은 내가 살고 있는 지역을 선호할 수도 있다. 항상 감사하는 마음을 가지고 더불어 객관적으로 생각할 수 있어야 한다. 그래서 자신이 오래 거주한 지역이 단순히 별로라고 생각하는 오류에 빠져서는 안 된다. 잘 살펴보면 분명히 자신이 몰랐던 점을 발견할 수 있을 것이다. 익숙한 것의 오류는 어찌 보면 결국 보는 것만 보인다는 말일 수도 있다. 자신이 가는 길만 가고 관심이 없는 음식점이나 기타 편의 시설 등은 눈에 잘 보이지도 않는 법이다. 한 번 가보지 않은 길도 가보자. 그러면 새로운 눈으로 보게 될 것이다.

또 하나 주의해야 할 오류가 있다. 그것은 자신이 이미 가진 것이 좋다는 맹목적인 믿음이다. 다른 말로 이를 보유 효과라고 한다. 일단 소유하게 되면 애착이 가고, 이는 결국 소유물이 주관적으로 좋다는 믿음을 가지게 한다는 것이다. 부동산에서도 마찬가지이다. 일단 고생해서 집을 사게 되면 그 집에 대해 보유 효과를 가질 수 있다. 그러나 한 집에서 멈춰서는 안 된다. 과욕은 금물이지만, 자신이 발전하는 만큼 새로운 것에 관해서도 관심을 두고 거주지의 경우 더 좋은 기회가 있다면 과감히 새로운 부동산으로 옮겨야 한다. 세상에 변하지 않는 것은 없다. 그 변화를 잘 감지하고 실제로 적용 및 활용하며 살아야 한다. 지금 가장 좋다는 강남 지역도 언젠가는 쇠퇴할지 모른다. 또한, 낙후지가 새로운 선호 지역이 될 수도 있다. 예전 드라마 서울의 달에서 달동네의 배경이었던 옥수동은 현재 상전벽해 하여 지금은 가히 명품 주거지가 되었다. 자신이 이미 가진 곳, 누리고 있는 곳이 좋다는 긍정적인 믿음 정도야 좋다. 그러나 그에 영원한 사랑 마냥 깊이 빠져서는 안 되고 나아가 자신이 이주하게 될, 꿈꾸는 미래의 지역도 좋은 곳일 거라는 긍정적 믿음을 가져야 한다. 멀리 보고 있으면 기회는 계속 나타날 것이다. 그 새로운 곳에 도전하는 것이 곧 발전이다.

D
새 아파트와
주변 이미 형성된
아파트 단지와의 관계

1. 새 아파트 프리미엄과 가격
- 새집 증후군
2. 기존 아파트의 가치
- 기존 아파트 인테리어와 재건축의 문제
3. 대단지 같은 생활권 공유
- 학군, 편의 시설, 편리한 교통
4. 가격은 같이 오른다! 속도의 차이는 있어도

1. 새 아파트 프리미엄과 가격
- 새집 증후군

　사람들은 자신의 집값이 오르내리는지보다 남들의 집값에 더 관심을 가진다. 부동산 경기 상승세에는 더욱 그러하다. 남들의 집값이 오르면 배 아파하는 것이다. 그런데 그럴 필요가 전혀 없다. 같이 상생하는 차원에서 남들에게 관심을 가지는 것은 좋다. 그리고 자신의 나아갈 방향을 잘 잡으면 충분하다.

　높은 리스크를 부담하는 편이 싫다면, 자신은 안전한 투자 스타일에 가깝다고 생각한다면 새 아파트에 투자하는 편이 낫다. 그리고 지방의 새 아파트가 아닌 서울 도심권에 가깝고 교통이 편리한 곳의 새 아파트에 투자해야 한다. 이때만큼은 자신이 감당할 수 있는 범위 내라면 2년 정도 전세를 주는 등 갭투자를 해도 괜찮다. 새집에는 일반적으로 새집 증후군이 있다. 한때 뉴스를 떠들썩하게 만든 새집 증후군은 새집에서 나오는 각종 화학 성분이 특히 어린아이들에게 아토피 등을 유발하는 등 안 좋은 영향을 끼치는 현상을 말한다. 최근에는 이를 고려하여 시공사에서 친환경 제품을 사용한다고 한다. 그러나 실제로 지금까지 관념적으로 새 아파트는 한 2년 동안은 실제 거주민에게 좋지 않다는 인식이 대부분인 듯하다. 이런 점을 생각해서 기분상으로라도 2년 정도는 전세를 주고 이후 입주를 고려하는 사람들도 많은 것 같다.

새 아파트는 일반적으로 프리미엄이 붙는다. 특히 입지가 좋은 곳일수록 그렇다. 신축 아파트 단지 근처에 이미 구 아파트 단지가 형성되어 있다고 하더라도 신 단지는 돋보일 수밖에 없다. 거의 모든 사람이 새 아파트를 선호한다. 거기에 입지까지 좋다면 이는 금상첨화이다. 자금 여력만 좋으면 구 아파트를 새로 인테리어 하여 사는 것보다 아예 신축 아파트로 이사하는 것을 선호한다. 그래서 신축 아파트에 프리미엄이 따르는 것이다. 신축 아파트는 일반적으로 조합원 입주권 혹은 일반 분양권을 구입하는 것부터 시작한다. 입지가 좋은 곳이라면 미리 매입할수록 이득이 될 수밖에 없다. 다시 말씀 드리자면 일반적으로 개발지는 총 세 번 오른다. 개발 호재 발표 때(아파트 개발 계획 발표 때) 한 번, 착공 시 한번, 준공 입주 때 마지막으로 한 번 더 오른다. 첫 번째는 안정된 순수한 기대 심리로 인한 것이고 두 번째부터는 가시적인 측면에 더 커진 기대 심리로 인한 것이다. 특히 마지막 입주 시기는 실수요자가 가시적인 효과로 말미암아 들어오는 단계이기 때문에 부담 가능한 가격에 들어온다. 가격이 오르는 마지막 단계이다. 그래서 입지가 좋은 곳이라면 무조건 먼저 잡는 것이 좋다. 그리고 잡으려면 좋은 동, 좋은 층, 좋은 향, 좋은 형(판상형)의 호수를 잡아야 한다. 일반적으로 조합원 입주권이 일반 분양분보다 좋은 물건이 많을 수밖에 없다. 물론 가격도 더 비싸다. 살 때 비싼 가격이라고만 생각하지 말고 나중에 언젠가 팔 때도 고려하자. 나중을 생각하고 좋은 물건 제값에 샀다고 여기면 이해하기 쉬울 것이다.

프리미엄을 주고 사는 게 아깝다는 분들이 많다. 그런데 미리 선점한 조합원이나 일반 분양 당첨자들의 입장도 생각해 보자. 조합원들은 길게는 몇십 년간 기다린 분도 있다. 그리고 일반 분양 당첨자들도 순전히 운으로 치부하기에는 그동안 가점을 쌓으며 내 집 마련을 손꼽아 기다린 사람일 수도 있다. 이를 생각하면 나중에 그 아파트가 가치를 제대로 발현한다는 확신만 있으면 프리미엄을 주고 사는 것이 절대 잘못된 선택이 아니다. 서로 필요에 의해 매매하는 것이고 매수자 입장에서 나중에 누릴 신축 아파트에서 삶의 가치나 향후 시세 차익 등 투자 가치를 동시에 고려하면 나쁜 것이 아니다. 프리미엄이 적당한가 아니면 과도한가는 순전히 자신의 기준에 따른 것이다. 그래서 조금이라도 쌀 때 먼저 잡는 것이 유리할 수 있다. 특히 가격 상승장에서는 더욱 그러하다.

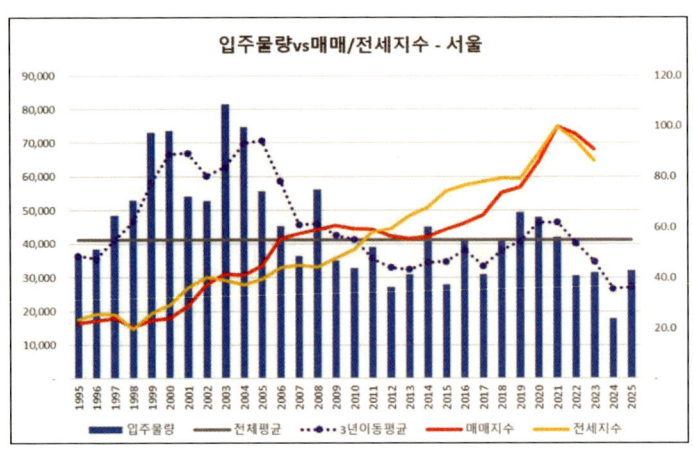

서울 입주 물량
출처: https://blog.naver.com/yangbo83/223333068297

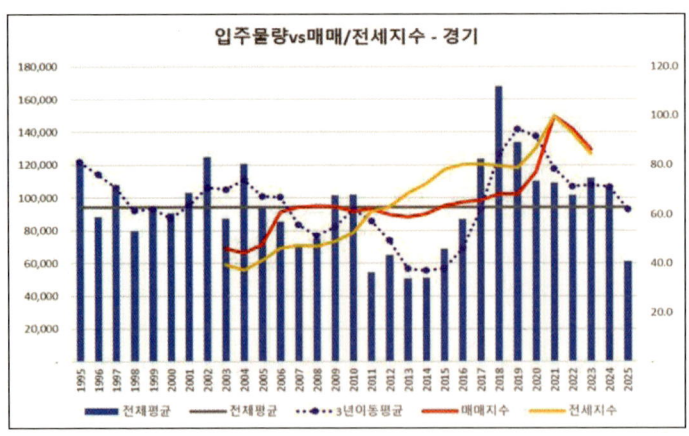

경기 입주 물량
출처: https://blog.naver.com/yangbo83/223333068297

2. 기존 아파트의 가치
– 기존 아파트 인테리어와 재건축의 문제

특히 가정주부라면 새 아파트를 선호한다. 접근성 측면에서도 새 아파트를 분양하는 시공사의 홍보 및 광고에 더 노출이 많이 된다. 각종 편의 시설 광고와 주변 인프라 홍보 등 각종 매체를 통해 노출되는 것이 당연하다. 그에 비해 기존 아파트를 누가 광고할까? 인근 지역의 부동산 중개업자들이나 실제 사는 사람들의 이야기를 듣지 않는다면 좋은 점을 듣기 쉽지 않다. 새것에 대한 선호는 당연하다. 집도 마찬가지이다. 그렇다고 기존 아파트가 무조건 나쁜 선택은 또 아니다. 동일 평형 기준 기존 아파트가 새 아파트보다 더 비싼 시세에 형성되어 있는 경우도 쉽게 볼 수 있다. 이는 입지의 차이에서 비롯된다!

쉬운 예로, 강남 재건축 예정 30년 이상 된 아파트와 강북 지역 새 아파트를 비교해 보자. 다른 말씀을 드리지 않더라도 강남 재건축 예정 아파트가 더 좋다는 것을 아실 것이다. 그럼, 재건축은 왜 할까? 재건축한다는 것은 일단 시행사 입장에서 사업성이 있기 때문에 추진하는 것이다. 기존 원주민들에게 충분히 보상을 해주더라도 일반 분양분을 치면 그에 따른 수익이 더 클 것을 예상하기 때문에 헌 아파트를 헐고 새 아파트를 짓는다. 원주민(조합원) 입장에서도 기존의 아파트보다 새로 지어진 아파트와 더 나아진 단지 환경을 누리고 싶다. 정부로서도 별다른 문제가 없으면 해당 사업지의 일부분 기부 채납을 받아 도로도 확장, 정비하는 등 편의에 기여할 수 있다. 즉, 재건축은 모두에게 좋은 방안이 될 수 있다. 재건축 성공을 판가름하는 것은 무엇일까? 결국, 수익이라고 생각한다. 원주민 다수의 의지, 정부의 개발 허가 의지를 넘어 결국 사업성이 있어야 한다. 일반 분양 물량이 충분해야 하고 -원주민의 대지 지분 비율 및 기존 단지의 용적률 크기 등에 좌우되는- 그 일반 분양 물량에 충분한 수요가 뒷받침되어야 한다. 수요는 결국 입지에 좌우된다. 일반 분양분은 조합원에게 좋은 물량을 우선 배정하고 남은 부분이다. 저층이 주로 할당됨에도 불구하고 일반 분양 청약을 원하는 수요가 많다는 것은 그만큼 해당 위치가 좋다는 것을 의미한다. 따라서 입지가 좋은 구 아파트에 살면서 기다리는 편도 고려해 볼만하다.

아파트 단지 내 상가를 비롯하여 편의 시설 부족은 어떻게 변화를 꾀하기 쉽지 않다. 그러나 자신이 사는 호수 내에서는 인테리어가 가능하다. 가능하다면 기존 좋은 입지의 아파트를 매입하여 인테리어 후 사는 것이 미래에 투자하는 좋은 방법이 될 수 있다. 인테리어만 훌륭히 해내면 기존 새 아파트 못지않다. 오히려 아파트 구조적인 측면만 살펴보면 구형 아파트가 신형 아파트보다 소위 더 곳도 많다. 이런 긍정적인 측면을 가지고 특히 현재 신축 아파트를 무작정 사기 어려운 형편이라면 자신의 상황에 맞추어 입지가 좋은 곳의 구형 아파트를 노리는 것이 훌륭한 선택이 될 수 있다.

3. 대단지 같은 생활권 공유
– 학군, 편의 시설, 편리한 교통

좋은 아파트를 고르는 좋은 선택권 중 하나가 대단지 아파트 선택이다. 대단지는 앞서도 말했지만, 물량이 많은 만큼 거래가 활발하다. 그리고 수긍할 수 있는 일반 시세 형성이 잘 되어있다. 쉽게 말해, 매매 사례가 많다 보니 파는 사람 입장이든, 사는 사람 입장이든 바가지는 쓰지 않을 수 있다. 기존 형성된 많은 거래 사례를 통해 합리적인 가격 평균 내지 흐름을 볼 수 있기 때문이다. 대단지 아파트의 경우 일반적으로 커뮤니티 시설이 많다. 세대수가 많을수록 그 수요에 따라 상가 등 편의 시설이 자연스레 형성되어 있다. 일반적으로 체인화 편의점 등의 경우 기본 최소 배후 세대를 500세대로 보는 경향이 있다. 최소한 500세대는 되어야 유효 수요가 형성

될 수 있다고 가정하는 것이다. 이를 보아도 대단지 아파트를 선택하는 것이 좋다. 반대로 생각하면 단지가 클수록 필요한 상권 등이 이미 형성되었거나 앞으로 형성될 가능성이 크기 때문이다.

대단지 아파트를 보면 그 단지를 관통하는 마을버스 등의 교통 시설을 볼 수 있다. 마을버스 사업자 입장에서도 수요가 있으면 사업성이 있다는 법칙상에 그 지역으로 들어오는 것이다. 왕십리 뉴타운의 경우 단지 앞 지하철역뿐만 아니라 단지를 가로질러 시내버스가 다니고 단지 사이에 정류장도 있다. 대단지 아파트는 그 크기만큼 하나의 형성된 세력이다.

그리고 앞서 말했지만 5,000세대 이상이면 법적으로 학교, 종교 시설이 들어오게 되어있다. 아파트 대단지가 형성된 곳에 초등학교, 중학교, 고등학교 등이 있는 것을 쉽게 볼 수 있다. 주목받는 서울 시내 대단지 아파트촌은 광장동, 잠실 지역, 대치·개포동, 압구정동, 청담동, 반포동, 공덕동 등이 있다. 이 외에도 이런 곳이 서울 지역에 많다. 특히 위 동네들은 초등학교, 중학교, 고등학교들이 한 곳에 몰려 있는 곳이다.

개발 계획에 따라 형성된 곳으로 학군이 한 곳에 몰려 있다. 학군이 몰려 있는 곳은 이용자 입장에서도 편하지만, 이를 계획한 정부의 의도도 있다. 학교 주변에는 법적으로 위해 시설이 입주하지 못하게 되어있다. 성인만 이용이 가능한 주점이나 모텔 등 각종 허가 업종이 학교를 중심으로 반경 1km 이내에서는 사업을 할 수 없다. 이런 학교들을 둘러싼 아파트 단지들은 어떠할까? 아이를 안전하게 키우면서 조용한 환경을 얻으니 거주하기에 가히 최적의 조건이라 말할 수 있다.

예시로 간단히 말한 곳들은 다들 이미 가격이 비싼 곳이다. 위의 곳을 제외하더라도 대단지 아파트라면 좋다. 대단지 아파트 몇 세대 이상이면 좋겠냐고 묻는다면 필자의 기준으로는 서울 지역 내 최소 500세대 이상 아파트 단지가 좋다. 그리고 지금 더 아파트를 지을 새로운 택지가 없고 재건축 이슈가 화두인 현재를 생각하면 1,000 ~ 1,500세대 이상 아파트면 좋다. 기본 1,000세대를 넘으면 일단 들어오는 기본 편의 시설의 수준이 다르다. 그만큼 기본 수요를 깔고 가기 때문이다. 1,000세대를 갓 넘긴 마포구의 모 아파트의 경우 수영장 시설이 있다. 한편, 구형 아파트인 올림픽 아파트의 경우 세대수가 충분한데도 수영장 운영을 중단했다고 들었다. 시설 유지비가 너무 많이 든다는 이유였다. 그에 비해 마포구 해당 신축 아파트의 경우 아직 새 건물이고 이용 입주민들에게 이용 관리비를 부담하게 하여 운용이 가능한 것이다. 아파트 건설 기술은 날이 갈수록 발전하고 있다. 그에 따라 필자의 지극히 주관적인 생각으로 관리비, 커뮤니티 수요, 시세 형성 등을 고려했을 때 1,000에서 1,500세대 이상 아파트면 좋다고 조심스레 말씀드리고 싶다.

학군 예시 : 광장동 광남, 양진 학군
출처 : https://blog.naver.com/haengbu/221295561660

4. 가격은 같이 오른다! 속도의 차이는 있어도

　구형 아파트든 신형 아파트든 경제가 발전하면 가격은 계속 오를 수밖에 없다. 그리고 서울 도심권 아파트라면 특히 더욱 그렇다. 일본의 경우 1기 신도시의 아파트들은 전고점에 비해 50% 하락했다고 한다. 고령화 시대에 접어들어 해당 지역 일자리도 줄고 도시 자체가 노후화되었다. 그에 따른 거주 수요가 줄어든 게 첫 번째 원인이고 젊은이들조차 입지가 더 좋은 동경 시내 혹은 그와 가까운 곳의 거주지를 선호하기 때문에 가격이 폭락한 것이다. 이를 반면교사로 삼으면 서울 지역과 먼 곳의 지방 도시 아파트들은 다른 외부 요인이 없다면, 예컨대 신규 일자리 등의 창출 등이 없다면 가격이 하락할 수도 있다. 벌써 지인의 이야기를 들어봐도 지방에 사는 푸념을 늘어놓는다. 광역 버스가 있어 출퇴근은 가능한데 하루 출퇴근 왕복 3시간이 너무 아깝고 피곤하다며 볼멘소리를 한다. 곧 적은 평수라도 서울로 올라오겠다고 한다. 매수한다면 서울에 가까운, 교통이 편리한 입지 좋은 곳의 아파트를 사야 한다. 그런 조건의 구형, 신형 아파트 어느 것을 사도 좋다. 구형 아파트를 사고 인테리어를 하고 살고 있으면 주변에 신축 아파트가 들어설 수 있다. 신축 아파트가 지어지면 자신이 소유한 구 아파트의 가격도 어느 정도 따라 오른다. 이 같은 반사 효과를 '지역 효과'라고 부르고 싶다. 신축 아파트가 내 소유가 아니더라도 그 신축 아파트 건설로 인해 지역이 발전하였고 그 이미지가 내 구 아파트에까지 미치는 것이다. 흔히 가성비라고 이야기한다. 큰 차이가 없으면 같은 지역으로 분류되는 신형 아파트의 가격을 동일 평형 구 아파트가 뛰어 넘을 수는 없다. 그런데 더 낮은 가격에 구 아파트를 편리하게 같은, 구매력 있는 유효 수요가 더 늘어남으로 말미암아 발전된 인프라를 누릴 수 있다면 가성비 좋은 아파트로 좋게 평가받을 수 있다. 내 주위에 신축 아파트가 생긴다고 해서 마냥 부러워하거나 싫어할 일이 절대 아니다. 우리 동네, 내 커뮤니티가 발전하는 것이고 그에 따른 효과를 같이 누리는 것으로 환영할 일이다.

   투자할 때 구형 아파트를 살지 신축 아파트를 살지 고민이 될 수도 있다. 이는 선택의 문제이다. 안전하게 신축 아파트를 살 수도 있고, 가성비를 앞세워 구 아파트를 선택할 수도 있다. 신축 아파트는 상대적으로 비싼 대신 입지에 큰 차이가 없으면 가격이 더 오른다. 구형 아파트는 상대적으로 싼 대신에 노후화를 생각해야 하고 가격도 더 느린 속도로, 후발하여 오른다. 둘 중에 굳이 고르라면 여력이 된다면 현재 의 누리는 삶도 고려해야 하니 신축 아파트를 추천한다. 재건축 등 너무 먼 미래를 바라보며 구 아파트만을 막무가내 고집하는 것도 좋은 선택은 아니다. 자신은 기다릴 수 있어도 함께 사는 가족은 기다려주지 않을 수 있다. 특히 자녀가 어리다면 더욱 그러하다는 점을 명심하자.

E
서울지하철 2호선 라인 안쪽과 9호선 라인 안쪽을 주목하라!

1. 서울 도심권 라인 : 2호선
 - 한강을 둘러싼 도심권
2. 9호선 한강 이남 권역
 - 경제의 중심 강남 : 사업, 생활권
3. 더블 역세권 : 2호선 x 9호선

1. 서울 도심권 라인 : 2호선
- 한강을 둘러싼 도심권

서울 개발 과정은 단연 서울 지하철의 개통 역사를 함께 살펴보아야 한다. 먼저 1호선은 서울의 동북부 지역부터 인천까지를 관통한다. 수도의 선박 물량을 책임지는 항구부터 서울의 구도심을 관통하여 북부까지 이르는 기본 라인을 먼저 완성한 것이다. 인천을 시작으로 영등포, 서울역, 종로를 지나 의정부까지 기존 중심지를 철도로 연결한 것이 기본 시작이었다. 그리고 그 후 도심을 순환하는 2호선을 개통시켰다.

우리는 2호선에 주목해야 한다. 2호선을 타면 안내 멘트가 나온다. 지하철 노선도를 보고 시계 방향, 오른쪽으로 돌면 외선 순환 열차, 그 반대 방향은 내선 순환 열차라고 부른다. 아마도 기존 관념이 노년 세대가 바른쪽이라고도 부르는 오른쪽으로 돌면 바깥으로 빠지는 것이고, 그 반대는 오른손잡이 기준으로 인체의 안쪽으로 향하게 되니 내선이라 부르지 않았나 싶다. 어찌 되었든 2호선은 강북의, 행정 종합 중심지인 시청역을 지나고 국회가 가까운 영등포역을 지난다. 그리고 사법부가 있는 교대역, 경제 중심지 강남역을 관통한다. 서울 시내 기존의 중심지를 모두 지나는 꼴이다. 단도직입적으로 현재 기준으로도 2호선 라인 안쪽 혹은 그 역 주변 지역은 가히 서울의 중심이라 할 수 있다. 특히 이 라인 안쪽의 한강변은 가히 서울의 중심이라 할 수 있다. 이 중심에 터를 잡는다면 어디에 있든 가까운 환승역을 통해 다른 지역으로도 이동이 편리하다. 실제로도 라인 안쪽의 부동산값은 이미 다른 지역보다 가격이 높다. 그리고 아직 상대적으로 저평가 지역이라고 하더라도 앞으로 개발이 될 가능성이 큰 유망지이다. 예를 들어, 동북 지역 중심이었던 강변역 부근은 현재 동서울터미널 재건축 계획이 잡혀 있어 지역 호재로 회자하고 있다. 또한, 반대편의 합정역 또한 마찬가지이다. 부근에 대한민국 최고의 엔터테인먼트 기업 중 하나인 YG 엔터테인먼트가 사옥을 지었다. 어느 정도 성공한 기업체는 강남으로 사옥을 지어 옮기는 게 이미지상 나은 평가를 받는다는 편견도 있고 실제 이미 많은 기업체가 강남에 터를 잡은 것도 사실이다. 그런데도 상대적으로 가격이 이미 높은 강남을 선택하지 않고 저평가된 지역에 옮겨 그 지역을 주도하고 상징이 되는 것도 좋은 시도라고 생각한다. 이미 좋은 것을 사느냐, 아니면 저평가된 곳을 사서 향후 미래 가치를 노리느냐의 차이라고도 볼 수 있다. 어떤 방법이든 좋다. 적어도 단기적인 시각이 아닌 장기적 시각이라면 말이다. 핵심은 모두 서울 도심권 안이라는 것이다. 서울이 확장될수록 기존 중심권은 더 부각될 가능성이 크다. 물론 판교처럼 정부 주도하에 새로운 산업단지가 개발되고 그 지역 자생력이 갖추어진다면 그것은 또 다른 이야기이다. 어차피 지역 자생력은 그 지역의 양질 일자리 수에 비례한다. 판교도 네이버를 비롯한 많은 IT 업체 등이 자리 잡았기에 발전된 것이다. 현재 이름 있는 대기업 들은 강남 지역에 많이 자리 잡고 있다. 그리고 광화문, 을지로 등지에 기업들이 많이 자리하고 있다. 또한, 여의도에는 외국계 기업들을 포함하여 많은 금융사가 자리하고 있다.

머릿속으로 서울 지역 지도를 그려보자. 광화문, 강남역과 서초동 대법원, 그리고 여의도 지역을 먼저 꼭짓점을 찍어 트라이앵글을 그려보자. 그리고 타원형의 2호선 라인을 그려보자. 그 삼각형 안쪽 범위와 2호선 안쪽 범위 안이 서울 도심 최강의 입지이다. 즉, 최고의 자리이다. 투자 가치로만 본다면 현재 기준으로 마지막 목표 지점으로 삼아도 무리가 없다.

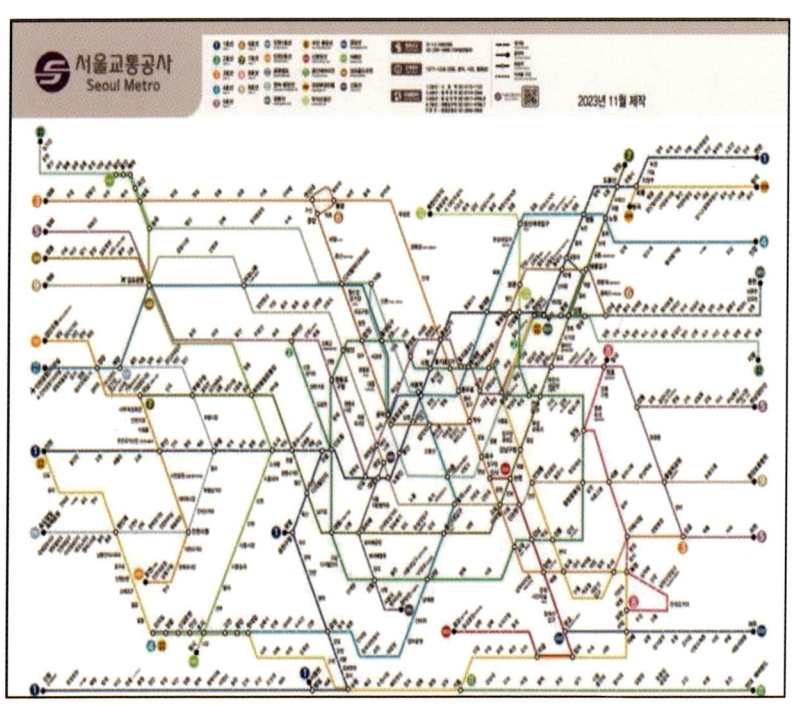

변경 전 서울 지하철 노선도, 출처 : 서울교통공사

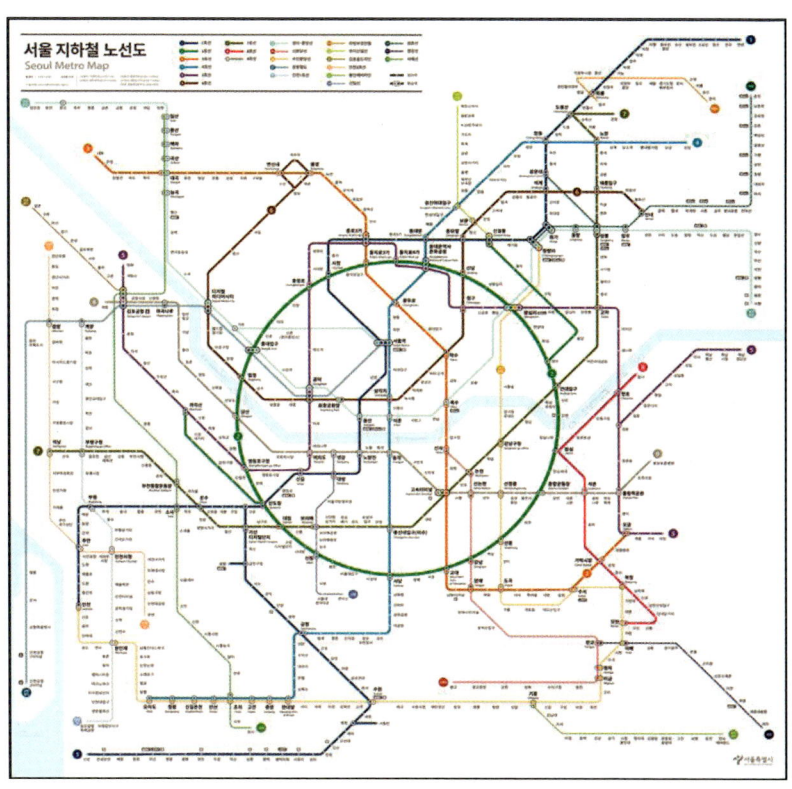

2023년 40년 만에 바뀐 서울 지하철 노선도, 출처 : 서울교통공사

2. 9호선 한강 이남 권역
- 경제의 중심 강남 : 사업, 생활권

지하철 2호선 순환 라인 외에 주목해야 할 라인이 하나 더 있다. 바로 9호선 라인이다. 왜 굳이 9호선을 골랐을까? 기존 강남이라 하는 강남구, 서초구, 송파구를 지나 동쪽으로 강동구 중앙보훈병원 지역까지 연장된 라인이기 때문이다. 또한 서쪽으로 동작구 흑석동을 지나 강서구를 거쳐 김포공항까지 이어진다. 9호선 라인의 최대 수혜지는 기존 강남 지역보다 송파구부터 강동구 중앙보훈병원 지역과 강서구, 김포공항 등 서쪽 지역이다. 이들 지역은 9호선 신설과 더불어 준 강남 생활권이 된 것이다. 일단 9호선 역세권 라인에 사는 사람들은 현 중심지 강남 지역으로 출퇴근을 용이하게 할 수 있다. 그것도 환승 없이 바로 갈 수 있다. 그리고 강남의 편의 시설을 누리러 가는데도 손쉽게 지하철을 이용할 수 있다.

좀 더 자세히 살펴보자. 일단 흑석역을 보면 이미 아크로리버하임을 앞장세운 흑석 뉴타운이 완성되고 있다. 한강에 인접한 강변 생활과 함께 지하철 편의까지 갖춰 그야말로 지역 발전 측면에서 금상첨화이다. 그 외 강서구 쪽 라인도 마찬가지이다. 북쪽으로 한강을 바라보는 입지이고 김포공항까지 가까운 지역이다. 근래 김포 신도시 개발이 뜨거운 이슈였다. 서울 생활권을 누리며 해외여행이 일상이 된 라이프 스타일에 긍정적인 측면으로 작용했다. 강서구, 김포 지역은 상대적으로 저평가된 지역이었다. 공항이 근처에 있어 소음에 접해있고, 그 외 공항 인접 지역은 온갖 규제가 많은 이유 때문이었다. 그러나 판이 달라졌다. 서울 지역 내 마지막 남은 대규모 택지 개발이라 불렸던 마곡 지구 개발은 정부와 기업체 등의 대규모 투자 자금을 유치했다. 새로운 도시 개발과 함께 일자리 등을 담보하는 기업체들의 투자가 집행되었다. 또한 공항에 대한 인식 변화도 있었다. 공항과 가깝다는 것이 예전의 안 좋은 인식에서 여행 등에 자유롭다는 좋은 인식으로 차츰 변해왔다. 그리고 막상 개발되니 기존 논밭으로 이루어졌던 허허벌판이 보기 좋은 대규모 아파트 신도시로 상전벽해를 이루니 가시적인 효과도 한몫했다.

9호선 동쪽을 살펴보자. 종합운동장역을 지나 송파구 안쪽 올림픽공원을 가로질러 강동구 중앙보훈병원 지역까지 연장되어 있다. 현재 기준으로 송파구는 그래도 잠실이라고 하는 인식이 있다. 그러나 전통의 강자 올림픽 선수촌 아파트 단지가 있고 둔촌동에는 주공 아파트 재건축이 진행되었다. 여기에 9호선 라인은 더 큰 시너지 효과를 낼 것이다. 입지적으로 잠실은 아주 훌륭하다. 한강과 마주해 있고 도심 안쪽이다. 9호선 예정선 라인 등이 발전하여도 현재의 잠실 쪽 위세를 뛰어넘지는 못할 것이다. 그러나 상대적으로 저평가받았던 곳은 재평가를 받을 것이다. 올림픽공원이라는 훌륭한 자연 요소를 품고 있고 거기에 강남 생활권이 가능한 지하철까지 새로 개통되면, 거기에 대규모 재건축까지 훌륭하게 마무리되면 신흥 주거지로 발돋움할 만하다.

9호선 노선도를 보면 한강 이남 지역을 일자로 관통하는 것을 볼 수 있다. 발전된 곳과 앞으로 발전 가능성이 농후한 지역을 관통하는데 이보다 더 좋을 수 없다. 같이 발전하는 것이다. 강남 지역에 살던 이들도 직장인이라면 교통 편의성을 이유로 9호선 라인 역세권 지역으로 이전할 수도 있다. 또한 결혼 전 부모님 집은 강남인데 자신이 독립할 때 자금 사정으로 근처에 신혼집을 구할 수 없다면 교통이라도 좋은 9호선 라인 지역 등을 알아볼 수도 있다. 이러저러한 이유로 9호선 역세권 라인은 지역적으로 같이 발전할 것이다.

3. 더블 역세권 : 2호선 × 9호선

    2호선과 9호선이 만나는 더블 역세권을 한 번 살펴보자. 서쪽에 당산역, 동쪽에 종합운동장역이 2호선과 9호선이 만나는 더블 역세권이다. 양축을 중심으로 서남권, 동남 권역이 발전할 수밖에 없다. 당산동은 서남 권역 교통의 요지로 그리고 종합운동장역은 동남권 MICE 산업의 중심지로 발돋움할 것이다. 양 날개 중 특히 종합운동장역 부근은 주목할 가치가 있다. MICE 산업의 중심지가 되고 새로운 교통의 요지가 된다는 것은 결국 그 지역의 수요가 많아질 것을 의미한다. 특히 일자리 수요가 엄청나게 늘어날 것이다. 현재 삼성동 코엑스나 일산 킨텍스의 기능을 많은 부분 흡수할 것이다. 새로운 건물, 새로운 교통의 요지에 많은 이들이 더 모여들 것임이 틀림없다. 관련하여 잠실종합운동장은 샌프란시스코 야구장을 벤치마킹하여 한강을 뒤로하는 마리나 구장을 만든다고 한다. 국내 팬뿐만 아니라 외국 관광객을 겨냥한 시도라고도 할 수 있다. 기존 서울을 대표하는 스포츠 단지를 재단장하는 것이다. 88 올림픽 이후로 만들어진 대규모 체육 단지를 재단장하는 좋은 계기가 될 것이다. 서울에는 더 이상 이와 같은 대규모 단지를 지을 곳이 마땅치 않다. 2002년 월드컵 당시 상암동을 개발하여 월드컵 축구장을 만든 것이 마지막이었다. 그 이후 대규모 개발은 없었다. 일회성 국제 행사를 위한 것이 아니라 이들 단지가 평시에도 국내 정기 스포츠 이벤트가 종종 열리고 시민들에게 일반 스포츠 여가 활동을 하는 데 기여한다면 참 좋을 것이다. 이런 기대감이 결국 지역 커뮤니티를 살리는 것이 된다. 응당 시설 유지 보수 비용이 많이 들어갈 것이다. 합리적 비용 관리를 하며 시설을 적절히 사용하는 노력이 이어진다면 이는 지역 발전의 복지로 이어질 것이다.

F
전세와 자가의 선택, 결정적 총알이 한 발밖에 없다면? 내 집 마련의 꿈

부모 세대는 내 집 장만이 가장의 목표이자 가정의 목표였다. 아버지는 열심히 일해 돈을 벌었고 어머니는 아껴 썼다. 지금은 상상할 수도 없는 10% 혹은 20%대 이자를 지불하며 집 구입에 필요한 대출을 쓰기도 했다. 그래도 내 집이 있으면 집 없는 사람의 설움에서 벗어날 수 있다는 일종의 인생 탈출구 겸 성공을 의미했다.

지금도 내 집 장만은 많은 이들의 꿈이다. 집 소유에 대해 많은 이들이 집착하는 정도는 많이 벗어났을 수도 있다. 앞서 말한 YOLO족의 출현이나 정부 정책 변화에 따라 내가 산 집값이 떨어질 수도 있다는 불안감 때문에 쉽사리 집을 사지 않는 사람들도 많다. 그러나 집값은 - 좋은 입지의 집이라는 전제로 - 장기적으로 보면 절대 떨어지지 않을 것이다! 만약 내가 가진 좋은 입지의 집값이 내려간다면 그것은 전 세계적인, 혹은 국가적인 위기 때문에 모든 집값이 내려가는 영향을 받는 이유 때문일 것이다. 입지가 좋은 집을 살 생각을 하면 된다. 만약 입지가 좋은 내 집값이 내려가면 입지가 좋지 않은 집은 가격이 상대적으로 더 내려갈 것임이 틀림없다. 오히려 입지만 좋다면 다른 집값이 내려가도 내 집값은 현상 유지를 하거나 오히려 더 오를 수도 있다!

집값이 한창 오르던 2017년 부동산 정책인 8·2 대책이 발표되었을 때 시장은 한 차례 짧은 혼란을 거쳤다. 그러나 그것도 겨우 한 달뿐이었다. 한 달 후 각종 호재와 함께 서울 부동산 시장을 주도하는 강남 재건축 아파트 가격은 전고점을 회복했다. 그리고 마포 지역 신축 아파트 등 좋은 입지의 아파트값도 덩달아 올랐다. 여기서 볼 점은 입지의 힘과 정부 대책에 대한 올바른 해석의 필요성이다. 8·2 대책의 제목만 봐도 알 수 있다. '실수요자 보호와 단기 투기 억제'가 핵심이다. 먼저 후자부터 살펴보자. 단기 투기 억제는 즉, 무분별한 갭투자를 막겠다는 것이다. 8·2 대책 이전 정부의 완화 정책으로 말미암아 뉴스에서 대학생들도 분양권 매매를 투기 수단으로 일삼고 있다는 내용이 종종 나왔었다. 기본적인 건설 경기 부양을 위해 부동산 정책 등을 완화했던 것이다. 그런데 그것이 돈을 벌기 위한 수단으로 악용되는 사태가 나타났다. 또한, 온갖 갭투자가 성행했다. 적은 자기자본으로 누군가에게 살아야 할 소중한 거주 공간이 돈벌이를 위한 투자 수단으로 전락했다는 것이다. 거주지는 사업용 상가가 아니다. 그런데도 거주 수요 그리고 그것을 넘어 투자 수요로 인식하여 투기한 것이다. 갭투자가 성행하면 응당 집값은 올라가게 마련이다. 실제 피해를 보는 쪽은 결국 마지막 실거주자이다.

다시 전자, 실수요자를 살펴보자. 실수요자는 집을 본인이 살기 위해 구입 혹은 전월세 등을 살아야 하는 입장이다. 집값이 오르면 전세금 그리고 월세는 그에 따라 오른다. 그것이 자연스러운 시장의 논리다. 실수요자 보호는 정부가 부동산 가격을 안정시키겠다는 목적이 있다. 여기서 안정이라는 말에 주목해야 한다. 실수요자 보호 즉, 안정이 집값을 떨어뜨리겠다는 의도가 절대 아니다. 집값을 떨어뜨리면 일단 갭투자자 등 단기 투기 수요는 근절시킬 수 있다. 당장 기존 투기 세력에게 손실이라는 철퇴를 날리는 것이기 때문이다. 그러나 집값의 하락이 실수요자를 보호하는 데 도움이 될까? 그렇지 않다! 집값이 하락하는 추세가 분명하다면 실수요자는 절대 집을 사지 않을 것이다. 돈을 쌓아두고 거액의 집값을 지불하는 사람은 적다. 모두 일정 부분 대출을 끼고 사게 마련이다. 대출 이자와 원금을 감당하는 입장에서 집값이 떨어지는 것으로 판단되면 쉽사리 집을 사기 어렵다. 실수요자 보호는 계속 상승하는 집값을 어느 정도 잡아주려는 목적이 있다. 즉, 어느 정도 급격히 상승한 부분에 제동을 걸고 향후 집값이 천천히 오르게 하려는 목적이 있다. 다시 정리하면 집값의 현상 유지가 목표이고 어느 정도 시간이 지나면 그 후 집값이 서서히 오르는 추세가 실수요자 보호, 안정의 최종 목표인 셈이다.

중산층이 많은 사회일수록 건강한 사회라고 한다. 과거 일본의 위기는 중산층의 붕괴로 인한 빈부 격차의 심화에서 비롯되었다고 한다. 이를 보면 중산층을 키워주고 우리나라 특성상 부동산 시장을 안정시키면서 주식, 대체 투자 등 다른 투자 시장을 활성화하는 것이 필요하다. 예금은 사실 금리가 현재 너무 낮기 때문에 논외로 치더라도 말이다. 정부에서 정책을 입안한 취지를 보면 가계 부채의 심각성을 고려한 것으로 보인다. 그러나 중요한 것은 채무의 양적인 측면보다 질적인 측면이다. 가계 부채 비율이 높은 것은 사실이다. 그러나 관련 우리나라 사회 안전망 시스템은 건강하다고 생각한다. 예를 들어, 신용회복, 개인회생, 파산제도 등은 비판은 많지만 자본주의 사회 속 채무의 역습을 당한 개인 및 기업에 재기의 기회를 주고 대승적 차원에서 탕감이 역설적으로 후에 사회에 플러스로 다가온다는 측면에서 긍정적이다. 혹자는 채무의 성격이 주택 담보 대출 비율이 높아 주택 가격이 하락할 경우 미국의 서브프라임 모기지 사태처럼 위기가 올 수도 있다고 한다. 그러나 개인적으로 그럴 가능성은 적다고 본다. 왜냐하면 다른 북유럽 국가들을 봐도 유동성이 풍부하면 실물 자산의 대표 격인 부동산 가격은 올랐기 때문이다. 미국 금리가 인상되어 우리나라도 금리가 오른다고 하더라도 그에 비례하여 부동산 가격이 갑자기 폭락하지는 않을 것이다. 잘 생각해 보자. 기준 금리가 오르기 전 언제나 실제 소비자가 지불하는 은행 시중 금리가 선제적으로 올랐다. 은행의 철저한 이익 추구라고 비판할 수도 있지만 어느 정도 주택 담보 대출자들에게 완충 역할을 했다고도 볼 수 있다. 더 이상의 유동성을 통제하여 집값을 잡으려는 정부의 의도가 있는지도 모르겠다. 그러나 시점에 따라 내 집 마련을 꿈꾼 아직 자가를 갖지 못한 세대주 입장에서는 억울한 것이 사실이다.

모든 가격은 철저히 시장 논리에 따라 결정되어야 한다. 그러나 정부 정책은 무시할 수 없다. 정책이 시장을 잡아낼 수 있기 때문이다. 시장이 기본이나, 그것을 막기도 하고 방향성을 가지고 유도하는 것이 정책이기 때문이다. 수정자본주의 정부 역할이나 더 직접적으로 계획 경제를 추구하는 공산주의를 생각하면 이해하기 쉬울 것이다. 정부의 제한 혹은 완화를 무조건 맹신하거나 비판하는 것은 절대 아니다.

중요한 것은 현재 상황에 맞추어 목표를 갖고 그 목표를 하나씩 실천해 나가는 것이다. 첫 번째 목표는 일단 내 집 마련이 되어야 할 것이다. 자신이 감당할 수 있는 채무 범위 안에서 일단 1가구 1주택 구조를 만들어내야 한다. 그리고 차츰 더 좋은 입지의, 더 넓은 평수로 갈아타며 실제 거주하는 것이 필요하다. 그리고 현실적 측면의 부수적 목표로 1가구 1주택 구조 완성 후 선택적 측면에서 전세를 사는 것을 고려해 봐야 한다. 쉽게 말해, 자신의 집을 전세로 주고 자신도 전세를 사는 것이다. 앞서 학군 이야기를 할 때 대전(대치동 전세)을 사는 지인 사례를 이야기했다. 대치동 지역 아파트를 살아야 할 이유는 3년에서 길면 6년에 불과하다. 그리고 최상급 입지의 거주지는 구입하기에 가격이 만만치 않다. 자신의 집을 전세로 주고 자신도 전세를 사는 전략적 판단을 내리는 것도 옵션으로 생각해야 한다. 자신의 전세금은 임대인이 다른 문제가 없으면 돌려받을 자기 재산이다. 필요에 따른 삶을 잠시 전세로 누리고 후에 자기 재산을 온전히 보전하는 것도 투자로 봐야 한다.

이후 다음 목표는 다양하다. 자신의 거주가 안정된 이후 목표 선택지는 많을 수밖에 없다. 예컨대 수익형 상가 구입 등을 목표로 하면 된다. 아니면 차라리 상가 주택을 사서 편히 미래 노후를 대비하는 선택도 할 수 있다. 상가 매입 시 먼저 고려할 점은 수익형이다. 추후 높은 가격에 팔아 이익을 남기려는 차익형은 차순위이다. 자신이 투자한 금액에 비해 얼마의 안정적인 수익이 남을지를 계산하는 것이 주요 포인트가 될 것이다.

G
주말농장과 시외 공장 투자를 주목하라!

1. 서울 근교 시골집과 주말농장
2. 그린벨트의 대박, 공장입지
   - 보상책과 입지

1. 서울 근교 시골집과 주말농장

주택 가격이 상승하면 1가구 1주택 위주의 정책(속칭 똘똘한 한 채 전략)이 유행한다. 적어도 양도세 등 세금적인 혜택만을 생각했을 때는 그렇다. 1가구 2주택인 상황이라도 그 가액이 어느 정도 이하라면 종합 부동산세는 내지 않는다. 그리고 양도세라는 것이 팔지 않는 이상 내지 않는다는 점을 고려하여 다주택자를 선택하는 사람들도 많다. 과거 주택 임대 사업자 등록이 의무 사항이 아니라서, 다른 말로 주택 임대 사업자 등록을 하지 않더라도 큰 페널티가 없으므로 많은 다주택자가 주택 임대 사업자 등록을 굳이 하지는 않았다. 그리고 더 강력한 제재가 있지 않은 이상 정권이 바뀌면 또 정책이 바뀔 수도 있다는 묘한 기대감 때문에 주택 임대 사업자 등록을 하지 않고 다주택자를 선택하는 사람들이 많았다. 이런 법적인 부분은 일단 차치하고 법의 테두리 내에서 상황에 맞게 자기 삶을 누리는 사례를 보아 소개하고자 한다. 1가구 2주택을 소유했던 다주택자 이야기이다.

해당 사례의 부동산 활용을 보면 재미있다. 일단 서울 도심에 아파트를 한 채 소유하였는데 그 집은 전세로 주었다. 그리고 본인은 직장 근처에 전세를 살고 있다. 마지막으로 서울 내 자가 아파트 외 한 채는 시외에 있는 넓은 마당이 딸린 주택이다. 별장과 같은 역할을 하는 별장이 아닌 주말 거처인 셈이다. 별장의 경우 세금이 매우 높다. 그래서 별장으로 등록하지는 않았다. 실제로 그 주소에는 부모님이 전입 신고를 해놓았다. 자신은 주말마다 서울의 가족과 들러 여가를 보낸다. 속사정으로 알아보니 부모님 중 한 분이 아프시다 했다. 그래서 배우자와 상의한 끝에 서울에는 모시기 힘들고 부모님의 의사도 고려하여 서울 근교에 추가 집을 마련하였단다. 그리고 주말마다 찾아뵈어 안부를 묻고 자신도 들러 한적한 곳에서 가족과 여유를 만끽하는 이중의 목적을 달성하는 셈이었다. 앞서 말한 1가구 2주택 후 전세를 사는 이상적인 목적을 달성하고 그 1가구 2주택의 범위에 서울 근교 공기 맑고 산 경치 좋은 곳에 거주지를 포함한 것이다! 주말에는 가서 집 앞 텃밭을 가꾸는 재미가 있다며 너스레를 떠는 모습에 내심 부러웠다.

한때 주말농장이 유행이었다. 주말에 자신의 이용 지분이 있는 농장에 나가 자신만의 텃밭을 가꾸는 데 특히 어린 자녀 교육에 유용하다고 했다. 대략 1년 단위 계약 갱신이 있다고 했는데 작물이 자라는데 1년 주기 파종부터 수확까지를 지켜볼 수 있기 때문이다. 삭막한 도심을 떠나 자연과 어우러져 직접 작물 기르기 체험을 주말마다 누릴 수 있다는 점은 삶에 있어 좋은 선택인 듯싶다. 할 수만 있다면 도심 근교 주말농장을 직접 자신의 소유로 하는 것은 어떨까 싶다. 땅의 넓이가 200㎡ 이하라면 주말농장으로 소유할 수 있다. 우리나라는 전통적으로 농업을 보호하고 나아가 농민을 보호하는 정책을 펴왔다. 해방 이후 농지에 대한 소유권을 보호하고 농민의 자경을 보호하는 전통이 아직 이어져 오고 있다. 농지에 대한 무분별한 투기 수요를 근절하는 데도 일조하고 있어 매우 좋은 정책이라고 생각한다. 법의 테두리 안에서 자신의 삶의 질을 높이고 나아가 지가 상승을 누리는 투자까지 겸할 수 있다면 가히 1석 2조라 할 수 있다.

2. 그린벨트의 대박, 공장입지
– 보상책과 입지

아직도 서울 외곽 경기도권 접경 지역을 가보면 논, 밭을 볼 수 있는 곳이 많다. 그리고 조금 더 벗어나면 구불구불하게 도로도 제대로 포장되지 않은 곳이지만 차가 다닐 수 있는 곳에 각종 공장이 난립해 있는 것도 목격할 수 있다. 도심으로 물자 수송이 유용한 입지 좋은 곳에 제조 공장들도 있고, 유통을 전문으로 하는 물류 창고들이 매우 많다. 실제 지목을 보면 분명히 전, 잡종지인데 실제 사용 용도를 보면 이와 같은 공장, 창고로 사용되는 등 허가, 불허가 여부를 차치하고, 입지적 수요 측면에서 존재하는 것이다. 주 수요층이 있는 도심으로의 교통 입지를 고려한 공장, 창고의 운용인 것이다.

서울 외곽 지역의 공장 등에 방문해 본 적이 있다. 그곳에서 불과 1km만 안쪽으로 들어오면 신축 아파트 단지들이 즐비해 있었다. 당시 공장 사장님은 소유가 아닌 임차임에도 불구하고 곧 있으면 보상금을 받고 다른 곳으로 이전한다고 했다. 그리고 인근 소유 토지에서는 또 보상을 받아 상가 입주권을 얻을 예정이라고 했다. 알고 접근한 것은 아니지만, 교통 편한 곳에 자리를 잡고 사업을 해오다 보니 행운을 누린 케이스라고 너스레를 떨었다. 인근의 많은 땅을 임차하여 공장을 운영하는 대표자들은 보상금이 너무 작다며 이전 정책에 반대하는 사람들이 많다고 했다. 그러나 내가 만난 사장님은 오히려 그분들은 욕심이 너무 많다며 답답해했다. 어차피 정책을 바꿀 수 없는 것이면 차라리 상황에 따라 좋은 쪽으로 움직이고 대비해야 한다는 취지였다. 말을 들어보니 인근 공장 대표자들은 해당 지역으로 이전해 올 때 나름 비싼 권리금을 주고 이전해 왔는데 보상금이 그 권리금에 부족하다는 것이었다. 그 대표자는 권리금은 어차피 법적으로 인정받지 못하는 범위 내에 있는 것이기 때문에 그 같은 부분은 고려해야 한다는 입장이었다. 법적인 부분을 넘어 도덕적으로 어떤 것이 옳고 그른지는 논하지 않고자 한다. 다만, 그 대표자의 말대로 현실에 맞게 상황 판단을 하고 좋은 쪽으로 미래를 대비하고 준비하는 마인드는 마음 깊이 새겨두어야 한다.

경제 수도 서울은 앞으로도 확장할 것이다. 역사적으로 보면 지금의 중랑천 넘어 성수동 성동구 지역부터 광진구 지역도 예전에는 서울이 아니었다. 서울의 팽창에 따라 서울시로 편입되었고 강남 지역은 말할 것도 없다. 인구가 줄어든다고 하지만, 서울은 첨단 도시로 계속 발전함에 따라 그 운용 내 지역 범위도 늘어날 것이다. 서울 확장에 따라 경기도 범위가 줄어들까? 그렇지 않다. 경기도권도 서울 확장에 비례하여 계속 확장될 것이다. 그렇다면 외곽 지역에 먼저 차가 다닐 수 있는 도로 인접지를 선점하는 방식으로 사업지를 선택한다면 그것은 훌륭한 투자가 될 수 있다. 지가가 싼 곳만을 찾아 사업지를 선택하는 것은 저차원적 사고방식이다. 교통이 편리한 곳의 도심 접근성이 좋은 곳을 먼저 자리 잡아야 1차적으로 사업 운용에 좋을 것이고 2차적으로 지가 상승 가능성 등 투자성에 좋을 것이다.

하남 지역을 언급하고자 한다. 한강을 끼고 강동구 옆의 하남 지역은 대표적인 그린벨트 지역이었다. 지금은 쉽게 상상할 수 없을 것이다. 하남 지역의 신도시 건설 개발과 함께 하남은 현재 서울 접근성이 뛰어난 아파트 숲으로 변모하였다. 10여 년 전만 해도 하남시와 강동구 사이 지역은 그린벨트 지역으로 묶여 있었다. 그린벨트는 무분별한 개발을 막고 녹지를 유지하여 자연을 보호하고자 하는 목적이 있다. 그런데 서울 도심의 팽창과 함께 '필요에 따라' 그린벨트를 해제한 것이다. 이전에 전통적으로 토지를 소유하고 있었던 이들은 대박이 났다. 물론 개발 가능성을 염두에 두고 선점하여 투자한 이들도 대박이 났다. 그런데 개발은 국가가 주도하는 것이어서 언제 개발이 될지 모른다. 현재 그린벨트가 언제 해제될지도 모르는데 무턱대고 그린벨트에 투자하자고 말하는 게 아니다. 그보다 그린벨트 지역의 개발 사례와 함께 지가가 오른 사례를 소개하고 그에 따른 역사를 먼저 살펴본 후 앞으로 자신에게 적용할 방향을 제시하는 것이다. 그린벨트의 땅을 가지고 있고 앞으로 가지려 한다면 시간을 길게 보고 여유 있게 기다려야 한다. 그 기간이 30년이 되고 50년이 될 수도 있다. 이런 넉넉한 마음을 가져야 한다. 내 생에 되면 좋고 아니면 자녀 세대에 되어도 좋다는 심정이어야 한다.

예전에 나라를 떠들썩하게 만든 C 게이트 때 당사자도 미리 개발 정보를 듣고 하남 지역 일부와 평창 지역 땅을 매수했다고 하는 이야기를 들었다. 하남 지역은 공공 체육 시설이 들어온다는 소문, 평창 지역은 2018년 평창 올림픽 관련 소문이 있어 땅을 매입했다고 한다. 이런 정보들의 사실 여부를 떠나 일반인 입장에서는 해당 관련 직간접적인 정보를 듣기 힘들다. 그리고 개발 정보를 듣는다 한들 착공이 있기까지 개발 계획이 변경될 수도 있다는 점을 생각하면 쉽사리 정보에 따라 확신을 두고 투자할 수는 없다.

결국, 기본에 충실한 강한 일반인이 되어야 한다. 그리고 당장 하루아침에 조급하게 구입한 부동산을 언제든 팔아야 한다는 심정으로 투자한다면 애초에 투자하지 않는 것이 더 낫다. 과유불급이라 했다. 과욕에 앞서 무분별한 투자를 해놓고 참을성까지 없다면 그것은 가만히 있는 것만 못하다. 오히려 가만히 있는 것보다 투자 손실이 클 것이다.

H
부동산 중개소를 통한 거래 시 알아야 할 9가지

1. 부동산 중개사 수익 구조
2. 여러 군데 매물 다양
- 여러 곳 방문 필요, 인터넷 의존 지양
3. 호구가 되지 말자!
- 호랑이 기 싸움 혹은 호인이 되어야 한다
4. 가격 협상법과 윈윈+윈 전략
5. 정확한 정보 제공 필요
- 그렇지만 모든 옵션을 보이지 않는다
6. 잘 모르면 비싼 것을 산다?
7. 조급해하지 않고 여유를 갖고 움직인다
8. 자신의 타깃과 기회
9. 다 좋다는 중개사 의견에 대한 대처

집, 상가 등 기타 부동산을 거래하는 방법은 다양하다. 자신이 살거나 사업을 하여 잘 알고 있는 지역에서 지인을 통해 직접 거래를 할 수도 있다. 그러나 대부분은 자신이 잘 알고 있는 지역이라도 비싼 비용을 치러야 하는 부동산 거래에서 공인 중개사를 통해 거래하는 경우가 대부분이다. 실제 부동산 중개 사무소는 매매부터 시작해서 전월세 등 부동산 관련 다양한 매물을 보유하고 있다. 그래서 여기서는 부동산 중개소 방문법을 자세히 소개하고자 한다.

1. 부동산 중개사 수익 구조

일단 부동산 중개 서비스를 이용하면 비용이 발생한다. 부동산 중개 사무소를 방문하기 전 먼저 중개 수수료 비용에 대해 알아야 한다. 아무런 준비 없이 매물 등을 알아보고 막상 계약 단계에서 중개 수수료 문제 등으로 당황할 수 있다. 요즘은 인터넷 등을 통해 고시된 법정 공인 중개 수수료를 쉽게 알 수 있다. 중개 수수료는 법정 상한선이다. 그러므로 중개사는 그 이상으로 받지 못하고 일종의 자발적 웃돈이 아닌 이상 소비자가 그 이상을 지불할 필요는 없다. 그리고 법정 상한선이기 때문에 상한선 밑의 금액으로 할인 협상을 할 수도 있다. 부동산 중개 분야도 최근 발달하고 있다. 가끔 컨설팅 명목으로 좋은 물건을 소개해 주기 위한 목적으로 권리 분석 및 컨설팅 서비스를 제공하는 부동산 중개소도 있다. 그리고 그에 따른 비용을 받는 곳도 있다. 그러나 대부분은 실제 거래를 성사했을 때 중개 수수료를 받는다. 매물을 소개하고 지역 호재와 환경 분석 등을 하는 것은 거래를 위한 무상 서비스로 여기는 곳이 많다. 그래서 소비자는 부동산을 방문하여 자신의 매매 혹은 전월세 등 자신의 목적을 분명히 밝히고 매물에 관해 물어보면 된다. 그리고 자신의 부동산 시각과 비슷한 점 발견 등 스타일에 맞는 중개 사무소에서 깊은 설명을 귀담아듣는 것이 좋다.

그러나 주의할 점이 있다. 부동산 공인 중개업 자체가 거래에서 발생하는 수수료가 주 수입인 만큼 거래를 위해서 아무래도 중개사 관점에서 매물의 좋은 점만 설명할 가능성이 크다. 단점을 말해주는 곳도 있지만, 세상에 자신이 소개한 매물을 사지 마십시오, 라고 폄하하는 곳은 있을 수 없다. 부동산 중개인이 소개한 매물이 왜 좋은지 스스로 판단하는 능력이 필요하다. 나아가 단점도 스스로 판단할 수 있어야 한다. 그래서 방문 전 적어도 방문 지역에 대한 나름의 철저한 조사를 마쳐야 한다. 조사 후 부동산 사무소에 방문하여 매물을 물어보고 자신이 생각했던 점 등을 말하고 그에 대한 피드백을 받고 다시 생각하는 과정이 반드시 필요하다.

부동산 중개인은 내 편이 될 수도 있다. 그러나 반대로 내 거래 상대방의 편이 될 수도 있다는 점을 명심하자. 중개 수수료는 우리나라의 경우 매수인 그리고 매도인 모두로부터 받을 수 있다. 매도자 우위 시장에서는 당연히 매도인 편에 설 가능성이 크고, 매수자 우위 시장에서는 매수인 편에 설 가능성이 크다. 중개사가 양자 사이 입장을 절충하며 거래를 성사하겠지만 당사자가 실제 거래 상대방과 자주 대면하지 않는 이상 정보의 비대칭성은 분명 존재할 수밖에 없다. 그래서 당사자는 스스로 판단해야 한다.

:: 공인중개사법

제32조(중개보수 등) ①개업공인중개사는 중개업무에 관하여 중개의뢰인으로부터 소정의 보수를 받는다. 다만, 개업공인중개사의 고의 또는 과실로 인하여 중개의뢰인간의 거래행위가 무효·취소 또는 해제된 경우에는 그러하지 아니하다.
② - 생략 -
③ 제1항에 따른 보수의 지급시기는 대통령령으로 정한다.

:: 공인중개사법 시행령

제27조의2(중개보수의 지급시기) 법 제32조제3항에 따른 중개보수의 지급시기는 개업공인중개사와 중개의뢰인간의 약정에 따르되, 약정이 없을 때에는 중개대상물의 거래대금 지급이 완료된 날로 한다.

2. 여러 군데 매물 다양
- 여러 곳 방문 필요, 인터넷 의존 지양

TV 부동산 중개 앱 광고에서 이런 문구를 본 적이 있을 것이다. '그 방(매물) 다 내 방이다.'라는 말에 다른 공인 중개사는 당황해하며 마치 기 싸움에서 진 듯한 인상을 주는 재밌는 광고이다. 광고에서 알 수 있듯 결국 공인 중개사는 얼마나 좋은 매물을 접수하여 많이 보유하고 있느냐에 따라 승부가 갈린다. 좋은 매물이 많아야 소개 기회가 많고 그만큼 거래 확률이 높아질 수밖에 없다. 반대로 부동산 투자를 준비하는 관점에서 생각해 보자. 관심 지역의 어느 중개 사무소가 많은 매물을 가졌는지 알 수 없다. 그래서 실제 발품을 많이 팔아야 한다.

많이 다녀야 많은 기회를 접할 수 있는 점은 투자자로서도 마찬가지이다. 그리고 많은 매물을 보고 또 중개사로부터 많은 이야기를 들어보며 생각해 보는 등 경험을 쌓아야 한다. 자신이 해당 지역의 충분한 조사를 마쳤다면 많은 매물 정보의 홍수 속에 머릿속이 복잡해짐을 피할 수 있다. 불필요한 정보, 그릇된 정보라고 생각되는 것은 걸러낼 수 있기 때문이다. 거기에 중개사들을 경험하다 보면 예의를 갖추어 적절한 타이밍에 불필요한 정보를 차단하고 자신이 궁금한 점에 대해 더 물을 수도 있다. 이것이 실력이다. 개인적으로 동일 물건에 대해 서로 다른 공인 중개 사무소에서 다른 가격을 부르는 경험을 많이 겪었다. 정찰가 없는 모든 거래가 그렇듯 일단 큰 값에 질러놓고 가격을 낮추어 원래 의도했던 가격에서 협상이 되도록 하는 방법(협상학에서는 'Aim High' 전략이라고 칭함) 등을 많이 봤다. 일종의 조삼모사이다. 그러나 이러한 경험을 통해 의도를 간파한다면 맹목적으로 공인 중개사가 예컨대 시세 대비 싼 가격이라 해도 – 부동산 상품은 비슷해 보여도 완전히 동일한 물건은 존재하지 않는 점을 고려하면 – 그것을 맹목적으로 신뢰하지 않고 스스로 적정가 여부를 판단할 수 있다. 어떤 공인 중개사는 조삼모사를 애초에 사용하지 않는다. 특히 매수자 혹은 매도자 우위의 확실한 시장이 형성될 때 그렇다. 또한, 스타일상 상술 없이 충실히 거래 양자의 입장을 충분히 대변하며 그 중간의 합의점을 찾는 분들도 더러 있다. 그러나 이 같은 공인 중개사를 만나고 알아보려면 그만큼 많이 다녀야 한다.

최근 부동산 중개 업계도 마찬가지로 인터넷과 모바일로 진출했다. 인터넷에 호가를 올려놓고 손님을 기다리는 공인 중개소부터 젊은 층 접근성이 좋은 모바일에 광고를 올리는 중개소도 있다. 주의 깊게 읽은 분이라면 벌써 눈치챘을 것이다. 호가와 접근성이라는 단어에 주목하자. 첫째, 호가 먼저 알아보자. 호가는 말 그대로 부르는 값이다. 부르는 값이 급매가인 경우도 있지만 대부분 소유자가 원하는 가격으로 기존 시세보다 높은 경우가 많다. 높은 호가의 경우 말 그대로 공급자 위주 시장이라면 통할 수도 있다. 살 사람은 어차피 연락이 올 것이고 중개업자 입장에서는 팔기만 하면 된다. 아무리 어려운 시기라도 자금 조달이 가능한 실수요자는 있게 마련이다. 그러나 일반적인 투자자 관점에서 높은 호가로 형성된 물건을 보는 것은 시간 낭비일 뿐이다. 그리고 급매 처분으로 시세보다 낮은 가격이라고 하더라도 그것은 낚시성 매물일 가능성이 크다. 낚시성 매물 등록은 접근성과 연결된다. 둘째, 접근성에 관해 이야기하면, 일단 중개업자 측에서는 팔 물건만 확보되면 구매할 의사가 있는 사람들을 많이 확보하는 게 중요하다. 그래서 낚시성 매물도 올리는 것이다. 급매로 나온 해당 물건은 벌써 팔렸다고 하면 그만이다. 실제로 그 물건이 진짜 등록되었다가 팔렸는지 알 길은 없다. 인터넷과 모바일은 편리한 하나의 수단에 불과하다. 잘 활용하면 힘들게 발품을 팔지 않고 시간을 절약하며 계약할 수도 있어 보인다. 그러나 부동산 거래는 큰돈이 오가는 거래이다. 말 그대로 수단으로서의 활용 가능성만 염두에 두고 실제 부동산 중개업소를 다녀야 한다. 일반 중개업소에 있는 모든 매물이 인터넷, 모바일에 올라오지는 않는다. 그러나 인터넷, 모바일에 올려져 있는 광고 매물은 실제 중개업소를 돌아보면 거의 다 있다. 다시 강조한다. 많이 다녀봐야 한다. 트리거(방아쇠를 당기는 것)는 한 번뿐이다. 그 결정적 한 번을 위해 준비를 하는 과정 내지 연습은 많을수록 좋다.

3. 호구가 되지 말자!
- 호랑이 기 싸움 혹은 호인이 되어야 한다

예전에 일에 있어 세 가지 '호'로 시작하는 분류를 보며 재밌어 한 적이 있다. 세 가지 '호'를 요약하면 이렇다. 일 못 하고 친절하면 호구, 일 잘하는데 무서우면 호랑이, 일 잘하고 인성도 좋으면 호인이라고 한다. 부동산 중개업 사장님들을 대할 때 태도에서도 이 공식이 적용된다. 거래에 있어 준비가 부족하여 잘 알지 못해 중개업자에게 휘둘리면 그것은 바로 호구가 된다. 내 돈으로 투자하는데 바보처럼 끌려다니며 돈을 갖다주는 꼴이다. 반대로 미리 철저히 준비하고 나름의 확신을 두고 중개업 사장님을 대한다고 가정하자. 일단 스스로 자신 있게 상대하면 기 싸움에서 지지 않을 수 있다. 목적 달성을 위해 상대방을 찍어 누르라는 말이 절대 아니다. 요구할 것은 당당하게 요구해야 한다는 말이다. 때로는 호랑이가 되어도 좋고 호인이 되어도 좋다. 자신의 상한선 등을 제시하고 그 의지를 강력히 관철해야 할 때도 있고, 일정 범위를 제시하고 그 안에서 좋은 매물을 찾을 수 있는 예도 있다. 정리하면, 적어도 철저한 사전 조사와 투자 철학을 가지고 중개업소를 방문하면 된다.

부동산 중개업 사장님들은 수많은 사람을 만난다. 20년 이상 하신 분 중에서는 손님 첫인상을 보고 이 사람이 살 사람인지 안 살 사람인지 대충 느낌이 온다는 분들도 계신다. 포장하여 사람을 쉽게 속일 수는 없다. 그러나 당당함 역시 감출 수는 없다. 자신감 있게 응해야 좋은 기회를 맞는다.

4. 가격 협상법과 윈윈+윈 전략

건물은 정찰가가 아니다. 가치를 반영하는 것이 가격이다. 그 가치는 정하기 나름이다. 가격을 흥정하여 거래를 성사하는 것이 부동산에서는 기본이다. 에누리 없는 장사 없다고 했다. 할인 여지가 없는 물건이면 일찍이 포기하는 것도 더 나은 길로 가는 방법이다. 아쉬울 게 없는 것은 파는 사람만 해당하지 않는다. 완벽한 게 없는 이상 더 불확실한 상황에서 움직이지 않는 것도 방법이 될 수 있다. 가격 협상의 성공은 결과론적으로 이해 당사자들이 모두 이길 때 나타난다. 모든 사람이 적절히 이기는 상황을 만들어야 한다. 모든 일에 승자와 패자가 있는 것으로 인식하여 이 이야기가 역설적으로 들릴 수도 있다. 여기서 말하는 적절히 모두 이기는 상황이란 서로 조금씩 양보하여 원하는 결과를 얻는 것을 말한다. 파는 사람은 돈 받고 팔고, 사는 사람은 돈 주고 물건을 취득하고, 그리고 중개업자는 양자를 적절히 조율하여 수수료를 받으면 모두 성공한 꼴이 된다. 원하는 가격에 언제나 완벽히 맞추어 거래를 성사하기는 어렵다.

한 가지 팁을 드리면 팔아야 할 때는 좀 더 싸게 내놓고 사야 할 때는 조금 더 비싸게 사는 것이 맞다. 당연한 이야기라 하실 수 있겠지만 실천에 옮기기는 쉽지 않다. 조금 더 첨언하자면, 부동산 중개 수수료를 아끼지 않아야 한다. 소탐대실이라는 말이 있다. 중개료 아끼다가 좋은 매물 기회를 놓칠 수 있다. 거래가 일어나기도 전에 중개료부터 깎으려는 사람에게 중개업자가 좋은 매물 기회를 소개할까? 반드시 살 사람이라는 확신이 들지 않는다면 중개업자 입장에서 큰 공을 들이지 않는다. 중개료는 앞서 중개사 수익 구조에서도 설명했듯 부동산 중개사의 비즈니스이다. 돈을 호구처럼 낭비할 필요는 없다. 그러나 적절히 쓰면 그에 비례하여 좋은 물건을 소개받는다. 일종의 웃돈을 얹어주면 반드시 중개업자가 좋은 매물 거래로 보답한다. 내가 매수인이고 중개업자가 내 편이 된다면, 중개업자는 적극적으로 매도인을 설득할 수도 있다. 물론 반대의 경우도 만들어질 수 있다.

5. 정확한 정보 제공 필요
- 그렇지만 모든 옵션을 보이지 않는다

중개업소에 방문하여 호랑이 혹은 호인이 되라고 했다. 자신의 방문 목적을 명확히 자신감 있게 밝혀야 한다. 절대 허세를 부릴 필요는 없다. 앞서 말했듯 중개업 사장님들은 사람을 많이 만나본 경험자로 허세를 알 수 있다. 중개업 사장님에게 솔직해야 한다. 즉, 자신의 상황에 대해 정확한 정보를 제공해야 한다. 예컨대, 거주 목적의 아파트를 구입한다고 하자. 그럼, 일단 평형대, 전망, 층수 등 자신이 원하는 매물 정보를 정확히 말해야 한다. 저층도 좋고, 고층도 좋고 이런 식으로 범위를 애매하게 설정할 필요는 없다. 정확한 범위를 설정하여 제시하면 받는 매물 정보도 빠르다. 그리고 아파트를 구입하는 데 대출이 필요한 경우가 있다. 그러면 자신이 매수에 얼마 정도 대출이 필요하다는 점도 알리면 좋다. 그럼, 중개업 사장님들의 반응은 그에 맞는 매수 방법을 제시해 줄 수 있다. 기존 집주인의 대출을 승계하는 조건을 제시할 수도 있고, 때에 따라 추가 대출 가능성 등에 대해 상담해 줄 수도 있다. 개인 경험으로 기존 아파트를 처분하고 다른 지역의 아파트를 구입하려고 했다. 기존 아파트 처분 필요성을 말하자, 한 공인 중개사는 자신이 그 아파트 매도에 있어 시세를 알아봐 주고 매도 광고도 내주겠다고 한 적이 있다. 기존 아파트 매도 중개 수수료도 노린 것이라 볼 수도 있지만, 해당 지역 아파트 매수를 적극적으로 관철하기 위해 적극적으로 나를 도우려 한 것으로도 볼 수 있다. 그만큼 자신의 상황에 대해 정확한 정보를 중개업자에게 제공하는 것은 필수적이다.

여기서 주의할 점도 있다. 정확한 정보 제공이 모든 정보의 제공을 의미하지 않는다는 것이다. 자칫 나의 모든 정보를 제공하는 것은 쉽게 말해 호구가 될 수도 있다는 것이다. 나에 대해 모두 알고 있는 중개업자 입장에서 내 입장에 공감해 주는 척을 하며 거래 상황을 중개업자에게 유리하게 끌고 갈 수도 있다. 그리고 모든 정보가 오픈되면 거래 불가능성을 지레

짐작하여 좋은 물건을 보여주지 않을 수도 있다. 정리하면 필요한 적정량의 정보를 중개업 사장님에게 정확하게 전달하면 된다. 그러면 거래에 이르는 길이 효율적으로 진행될 수 있다.

6. 잘 모르면 비싼 것을 산다?

　비싸다고 모두 좋은 물건은 아니다. '잘 모르면 비싼 것 사면 된다.'라는 말이 있다. 그 속뜻을 생각해 보니 비싼 것이 그 값을 한다는 이야기이다. 일반적으로 그 말이 맞다. 그러나 이것을 역으로 이용하는 때도 있어 주의는 필요하다. 남에게 과시하고자 하는 베블린 효과도 있고, 비싸면 좋다는 맹목적인 인식하에 사치품은 항상 가격이 치솟는 원리가 있다는 점을 주목해야 한다. 모든 경우에 있어 비싼 것이 좋은 것은 아니다. 전에 한 가지 팁을 드렸다. 살 때는 좀 더 비싸게 사는 편이 좋다고 했다.

　그러나 아무리 마음에 들어도 터무니없는 값에 사는 것은 투자 측면에서 부정적이다. 반대로 아무리 급해도 헐값에 파는 것도 안 된다. 살 때의 경우를 다시 살펴보면 마음에도 들고 가격이 비싸서 좋다는 생각이 들어 덜컥 매수 계약을 하는 것은 피해야 한다. 차라리 아무리 좋아도 가격이 너무 높으면 사지 않아야 한다. 다른 좋은 매물은 찾아보면 어디에나 있다. 투자의 대가 워런 버핏의 말처럼 야구에서 타자로 비유하자면 꼭 이번 공이 아니더라도 다음을 기다려도 좋은 공을 칠 수 있게 마련이다. 치는 기회가 한 번뿐이지 공은 여러 번 오기 마련이다.

7. 조급해하지 않고 여유를 갖고 움직인다

원치 않는 상황에 갑자기 매도해야 할 때가 있다. 이를 흔히 급매물이라 한다. 좋은 물건인데 급매물이면 사는 사람 관점에서 좋다. 그러나 급매에도 '급'이 있다. 급매를 사는 것이 좋다는 인식을 이용하여 과장하여 급매라 칭하기도 한다. 일반적으로 급매란 시세보다 천만 원에, 많게는 이천만 원 정도 싸게 나오는 경우이다. 정말 급급매여서 시세 대비 오천만 원 정도 떨어진 가격에 '던져지는' 귀한 물건도 있다. 이런 물건은 재빠른 매수자가 낚아채 간다. 강남 재건축 아파트의 경우 작은 평수도 수십억이다. 호가 대비 2억 원에서 3억 원 정도 하락하여 실거래된 것을 보면, 이는 급매라기보다 기존 부풀려진 기대감으로 거품이 꼈었던 것이 살짝 빠진 것이라고 봐야지 엄격한 의미의 급매라 부르기에 무리인 듯싶다. 이처럼 급매에 정해진 기준은 없다.

급매 이야기를 꺼낸 이유는 급매의 경우 조급하게 매수 결정하는 것을 방지하고자 하는 이유이다. 부동산 매매는 조급하게 해서는 안 된다. 여유를 가지고 움직여야 한다. 자세히 말씀드리면 생각하는데 천천히 신중히 하고, 결정이 내려진 후 절차 진행은 과감하고 빠르게 하는 것이 좋다. 부동산 매매뿐만 아니라, 다른 분야에도 이 원칙은 많이 적용될 수 있다. 마음이 급하고 행동도 급해서는 안 된다. 그러면 조급했던 마음보다 더 후회할 상황을 맞이하게 된다.

8. 자신의 타깃과 기회

목표 설정 후 기회를 잡는 법에 대해 충분히 설명드렸다. 여기서는 자신의 타깃 설정에 대한 조언을 드리고자 한다. 많이 여쭈어보신다.

"지금, 이 시점에 집을 살까요? 어떤 집을 살까요?"

그런데 부동산은 사고 싶다고 언제나 살 수 있는 것은 아니다. 수요에 맞게 그에 따른 공급원이 있어야 한다.

아파트를 원하고 살 여력이 되신다면 대단지 아파트를 노리는 것이 좋은 방법이다. 세대수가 많은 아파트는 분명 기회가 더 많다. 동, 호수, 층, 향 등에 따라 상품은 각양각색이다. 이것저것 따지다 보면 끝도 없다. 그러나 어느 정도 절충해서 타깃을 정할 수는 있다. 예를 들어, 어린아이를 키워서 층간소음 피해 주는 것이 염려되면 일조권을 포기하는 대신 저층을 노리면 된다. 또한, 어린이집을 보내야 한다면 어린이집에 비교적 가까운 동을 노릴 수도 있다. 이처럼 자신이 원하는 동, 호수를 결정하는데 공급원이 다양한 대단지 아파트가 좋다. 나홀로 아파트보다 대단지 아파트는 관리비도 더 저렴한 편이다. 아무래도 관리비를 내는 사람 수가 많다 보니 관리할 곳 면적, 시설 등이 커도 그 비용이 상대적으로 저렴할 수밖에 없다. 구 아파트보다 신축 아파트에 속한다면 효율성이 더 좋다는 것은 말할 필요도 없다. 아파트는 쉽게 말해 소모품이다. 오래될수록 보수해야 할 곳이 많이 생긴다. 반면 새로 지어진 아파트는 당대의 최신 시스템을 적용하여 효율적인 동선과 커뮤니티 인프라 등을 갖추고 있다. 그래서 신축 아파트가 더 효율적이고 많은 사람들이 상품성의 측면에서 더 원하는 것이다. 세상에 본인처럼 비슷하게 생각하는 사람은 많다. 모두가 다 나만큼 돈 내지 재산 형성에 관심이 많고 똑똑하기 때문이다. 그렇다면 경쟁을 최소화하려면 공급량이 많은 대단지 아파트로 가는 것이 맞다. 실제 대단지 아파트 내 상가나 그 주변에 공인 중개 사무소도 즐비해 있다. 그만큼 거래가 많다는 뜻을 반증하는 것이다. 기회를 많이 잡고 싶다면 대단지 아파트 내지 아파트 단지가 몰려 있는 베드타운을 노리는 것을 추천한다.

9. 다 좋다는 중개사 의견에 대한 대처

세상에 완벽한 것은 없다. 공인 중개사들이 하는 말은 대부분 좋다는 의견이다. 단점도 간혹 이야기한다. 그런데 그 장단점에 모두 근거가 있는 반면에 일종의 가정이 있다. 이것을 생각하면 좋다, 이렇다면 나쁘다는 식이다. 먼저 자신의 상황을 잘 파악하고 지역에 대한 충분한 조사가 갖추어져 있으면 이런 가정과 장단점 분석에 대해 쉽게 이해하고 분석할 수 있다. 자신에게 좋은 것만 골라 가려 들어야 한다. 무엇보다 자신의 선택에 따르는 책임은 오로지 자신에게 귀속되기 때문이다. 쉽게 말해 거래 후에는 부동산 중개사들은 나 몰라라 할 수도 있다. 어차피 거래는 끝났고 일반적으로 거래와 동시에 중개료 지불도 이미 끝나기 때문이다.

'체리피커'라는 말이 있다. 자신이 좋아하는 체리만 골라 먹는 여우에서 유래된 말이다. 부동산 투자에 성공하려면 일종의 체리피커가 되어야 한다. 투자는 자신을 이롭게 하는 마음에서 비롯된다. 투자에서 남을 이롭게 하는 것은 일종의 자선 사업이다. 이를 잘 구분해야 한다. 자신에게 필요한 것이 무엇인지 명확히 알고 실천한다면, 남의 의견을 일단 비판적으로 잘 듣고 스스로 재판단하는 습관이 몸에 깃들 것이다.

맺음말

마지막으로
드리고 싶은 말들

    지금껏 서울권을 중심으로 한 부동산으로 돈 버는 법에 대해 말씀을 드렸다. 아직 부족한 점이 많다. 단순히 이 글이 본인의 눈을 재점검하는 하찮은 계기가 아니라 여러분께 생각을 전해 공감을 얻고 이를 넘어서 투자에 성공하여 많은 분이 부자가 되었으면 하는 바람이 있다. 그리고 그 저자 참 부동산에 대한 견해가 분명하고 눈여겨볼 만하다는 말을 들었으면 하는 것이 개인의 가장 큰 목표이다.

    부족한 글을 읽어주신 데 감사의 말씀을 드리고, 부디 부동산 투자를 하시는 데 도움이 되었으면 하는 바람이다.

2025. 2. 4.
미니다미 드림

서울 직장인의 부동산 투자

초판 1쇄 인쇄 2025년 3월 21일
초판 1쇄 발행 2025년 3월 28일
지은이 미니다미
펴낸이 김정임
펴낸곳 맑은날들
주소 서울시 광진구 아차산로70길61, 501동 1307호
도서문의 sunnydays132@naver.com
등록 2024년 3월 13일 제2024-000022호
ISBN 979-11-987642-0-1 13320

※ 이 책은 저작권법에 따라 보호받는 저작물이므로
　무단 전재와 무단 복제를 금합니다.
※ 잘못 만들어진 책은 구입하신 서점에서 바꾸어 드립니다.
※ 책값은 뒤표지에 있습니다.